灰階思考

謝子恭 著

黑白之間都是灰，
找到無限價值的所在。

目————錄 Contents

序言 012 跳脫黑白思維,看見無窮價值

第一部——掃雷:
掃除阻礙思考的常識

Chapter1 │ 日常迷思
030 黑白之間都是灰
032 擁有彈性和持續努力
034 三大因子和一個隱藏加分
036 投資概論,大道至簡
039 保持警覺,接受多元

Chapter2 │ 物極一定必反嗎?
043 漲多不一定必跌,跌深不一定反彈
048 企業壽命縮短,但大者趨於更大
050 別跟股票談戀愛

Chapter3 ｜大腦的神替換

054 大腦拜神，好讓我們放過自己

055 股海牛鬼蛇神

057 有策略，才能臨危不亂

058 新手先從投資大盤開始

Chapter4 ｜別隊的球衣

064 是球衣，還是囚衣？

065 同溫層陷阱重重

067 借同溫層擺脫同溫層

069 穿上大師們的球衣

Chapter5 ｜輸家的絕招

071 大腦與卵子

074 牛頓與股票

075 懷疑、了解、動腦

第二部——備糧：
建構判讀的作業系統

Chapter6 │ 加工食品與知識

092 網路改變一切

094 3F 流言與 13F 報告

096 大師論大局

097 當心舌尖上與網路上的騙局

Chapter7 │ 沒看見的才是重點？

103 認定看準時，更要退一步看

105 看很多與看多元不同

107 向前看，預測下一步

110 市場怎麼看才是重點

112 看不見的往往影響最大

Chapter8 ｜贏家特質

116 樂觀，但不是傻天真

118 耐心，要翻倍，但不要翻車

121 行動，並承擔風險

122 成功方式百百種，適合自己最重要

Chapter9 ｜繫上質疑力這條安全帶

126 金融規矩問問不吃虧

128 追求答案，為投資繫上安全帶

130 牛排怎麼煎才好吃？

132 質疑是態度，求證是行動

Chapter10 ｜「學」不到的東西

138 信心曲線，起步都是「神」

141 小額投入，腳尖試水溫

144 靜靜參與，時間就是朋友

145 當心知識與經驗的詛咒

第三部──上陣：
面對多變的市場

Chapter11 | 如何銷售車子？

160 投資前先認清自己是誰

163 用對帳單檢視自己

165 只能賺「現在」能賺的錢

166 新手買少少，才是真的買進人生

Chapter12 | 沒有夢想的股票，我不會優先持有

170 人定勝天

173 改變世界是門好生意

174 如何挑選夢想成真的企業？

Chapter13 | 尊重瘋狗浪

180 面對瘋狗浪，該衝浪嗎？

182 獨立思考不代表貿然行事

184　菜雞先觀浪，收穫更超值

Chapter14 ｜ 當大師遇到大跌

188　在市場中，答案從來不只一種
189　看清大跌的根本
191　散戶抱不住？
194　崩盤是面照妖鏡

Chapter15 ｜ 正妹、紅酒與股票

200　最貴的股票，最正的女神
205　最貴紅酒的無形價值
207　看價值，而不是價錢

Chapter16 ｜ AI 思考術

210　投資談錢，不談情
212　以 AI 思考崩盤時的大數據
215　尋找高勝率，找英雄，更找時勢
217　計算股市，但人生無價

Chapter17 | **我的上陣之路**

222 新手別開大車或飆速度

223 再用功都只是基本

225 財經亂象多,莫把雜訊當訊號

226 接受多元意見,持續修正自己

Chapter18 | **炒股前,先炒你的人生**

232 人生如擲骰子,很難一次就豹子

233 人生炒股第二時機點

序言 跳脫黑白思維，看見無窮價值

人生如擲骰子，很難一次就豹子，我們通常不可能第一次嘗試什麼，就大中，大獲全勝，所以關鍵就像擲骰子，只有願意繼續玩下去的人，才可能擲出豹子，並且看見生活的各種驚喜，但不論股市或是人生，我們都得時時力求精進和彈性。

精進是為了面對許多未知、卻令人雀躍的事物，得以持續學習和探索；保持彈性則是讓我們不會在面對未知時抗拒，在不了解的情況就下定論，以致於錯失機會。而那些我們習以為常的觀點，也可能在人生某個轉換的階段中改變看法，或是單純讓我們轉換環境或心態，甚至有時只是不腦衝，幾天後再做決定，也能讓我們意外看見事情的其他面向。

事實上，在我養了狗、有了小孩之後，許多習以為常的事情就產生了根本的變化。在我錄了節目，寫了這本書之後，我也又多了很多新的想像和看法。正因為我們常常在回顧過去時，會驚嘆原來那時的自己與現在有如此的差距，更應該在每個決定和判斷的當下，都去思考各種可能的劇本和發展，做出至少以當下所獲取的資訊來看，是合理且理性的決定。

要做出高水準的判斷和解讀，除了仰賴平時的累積，如閱讀或聆聽新知，在需要時才有可倚靠的工具和知識，日常生活中也要不停訓練自己，並且校正自己的識讀力，在有工具和知識後，才能夠快速地整備確認自己的選項，扎實地出棒、擊球。

股市與人生都沒有標準答案

我沒有辦法告訴你人生或股市的勝利方程式是什麼，即便我知道這是很多人想要的答案，但我得坦白說，我不認為有必勝的方法。即便有相對勝率高的辦法，也會因為每個個體的不同，而未必能類推適用每個人。因為人的種類和出生條件千奇百怪，方法自然也有無限種排列組合。

我不願意在書中燉雞湯，讓彼此自我安慰，或是操弄感情，告訴大家說，只要努力就會有回報，因為努力一直以來都是基本條件而已。我也給不出一個只要恪遵，並嚴格施行就能獲取利益或成就的標準答案，許多人窮極一生都在浪費時間追求這種不存在的標準答案，並為此散盡財產、勞心勞力。即便用了別人的答案，也未必能獲得自己要的人生，就像是你穿了不合腳的鞋子，穿是

可以穿，但走起來就是不舒適。

人生如同市場，短期都是由隨機主宰，中長期來說，才有個性、品德、智慧、眼光的發揮空間。若你是樂觀者，就會試著調劑身心來面對每個挑戰，相信明天會更好，最後讓那些中長期的因子為自己在將來提高勝率；若你是悲觀者，就會選擇相信不只短線是隨機，中長期也是隨機，所以乾脆不要努力了，一切交給命運。雖然無論人怎麼選擇，樂觀者也會有潦倒衰亡的，悲觀者也有意外順遂的，因這是時勢和機緣驅動的結果。但是，要用什麼態度面對人生是自己的選擇，你可以整天幹幹叫，怨天尤人，也可以在困境中內心煎熬、卻堅定，樂觀相信著明天會更好。哪種方式能讓你達成目標，且在路途上感到快樂，那就是你的方式。

現在你看到成功的商業模式，過往幾乎都有類似的概念已經出現過，但因為時間不對、工具不夠先進、人民心態尚未開放等因素，而遭受挫敗。就好比把世界五百強公司的創辦人抓出來，要他們重新創業，並獲得同樣的成就，是很困難的。許多知名企業主都有一連串失敗的副業，人氣的樂團也有一堆不紅的 side projects。

灰階中存在無限可能的色調 ————————

當我們對隨機性有所認知之後，就會對世界有不一樣的認識，從 1 與 0 的非黑即白，變成百分比的細微思考。而所有只要是有機會可以帶來正向改變和突破的嘗試，就算機率很低，也應該要挑戰看看。我們這輩子不會只做一個決定，可以想像成是帶狀的撲克牌比大小賽局，只有肯抽牌，才有機會贏。

古今中外任何一個成功人士，哪個是沒有被幸運女神眷顧的？不管是知名的軍事家、政治人物、太空人、商業巨擘或是音樂家都一樣。但問題來了，完全是幸運造就了傳奇事蹟，還是幸運是靜靜等待，某顆種子在四處飄蕩後，終於找到適合的土壤和氣候而長成大樹？

而什麼樣的人可以被幸運眷顧呢？我一直認為，正因為我們對功名利祿給不出一個正確且標準，像是黑和白那樣絕對的答案，對應於每個人的最佳解，都應該存在於那帶狀的灰色色階中。若說黑與白是不容許顛覆的準則和基本教義派，那灰色就是可以視個人情況和條件，去調色的無限空間。

舉個例子，牛排只有生肉韃靼，或是熟得像鞋底硬度兩種選擇嗎？吃飯只有餓到不行，或是脹到想吐兩種選擇嗎？買賣只有梭哈做多，或是全力放空兩條路嗎？這樣問可能大家就會明白。但有趣的是，在一些投資或人生方向的選擇上，很多人好像都忘了極值之間的彈性空間，好像非得要站隊喊聲、黨同伐異。

實際上灰色的空間很大，所有人都坐得下，人人都可以在這找到屬於自己的平衡。零到一之間有無限個數字，黑與白之間也有無限的色階。面對多變的市場和人生，要能跳脫黑白思維，才能看見無窮價值，我想這是我在這本書中想帶大家探討和思考的。

這本書僅耗時短短數月就誕生，雖然沒有精心設計的橋段，但我傾盡腦汁地將自己平日的一些想法摘要地分享給大家，盡可能把故事說得簡單清楚。會買這本書的相信應該很多都是我 Podcast 的聽眾或是臉書專頁的追蹤者，我希望這本書能夠帶你們概略的認識市場，以及你自己，讓大家在思維上產生根本的改變，擁有看待事情的判讀力，有一天成為自己的專家。

第一部 ————

掃雷

掃除阻礙思考的常識

我們的原廠大腦在面臨投資市場會有 bug，
必須輸入新的作業系統，不斷訓練自己，糾正直覺偏誤，
才不會容易被表象和感受給說服。

我可以計算出天體運行的軌跡，
卻算不出人性的瘋狂。

—— 牛頓（於 1720 年股市慘賠後有感）

分享一個台灣薩利機長的故事。這位機師是與我同梯、一起受機師訓練的好友，有一次他帶學生訓練時，飛機發動機突然故障了，這位同梯機師回憶，當時他想說涼去，但也很自然地開始執行所有標準程序，回過神時已成功迫降在周遭海域，如同美國的薩利機長成功迫降於紐約市的哈德遜河之上。

什麼叫做回過神就已成功迫降？雖然我飛沒多久公司就倒閉，也離開業界了，但卻能明白個中感受。因為我受訓時也曾在八千英尺的高空中，發生飛機引擎故障，RPM（引擎轉速表）拉不上去，面臨可能迫降的關頭。

雖然是生死關頭，但當時我的心跳卻沒什麼加速，連我自己也感到意外。我推測是平常受的種種扎實訓練已內化成我身體的記憶，所以當大腦還來不及反應恐懼時，身體就接手開始自救了。當完成各項 checklist，了解引擎轉速確實有問題拉不上去，目視檢查了周

圍是否有可以迫降的空地當備案後，開始計算最近機場的距離和高度，並冷靜地把飛機飛回去，最後也就安全落地。

同樣的經驗也發生在我當兵受傘訓的時候，正常人應該都不會想在高空中跳出飛機吧？但除了少數幾個腿軟的，我們特戰傘兵都像下水餃一樣，有節奏且自信地從 C130 上跳出去。

投資常與人性對作

人類不太可能根除恐懼和其他原始天性，但我們可以藉由在腦袋和肌肉裡輸入新的程式，好在緊急狀況發生時，由程式主動接管運作，而不被恐懼、貪婪或其他原始天性所挾持、暴走。

顯而易見，我們長期演化而來的大腦不是為了金融投資、算數理財而存在，老祖宗的年代沒在跟你炒股的，而是以生存為第一考量。

我們天性害怕損失，心理學家也說我們在路上撿到 100 元，而後遺失了那張 100 元，心情會變得更難過。我們常說趨吉避凶，但往往人性會讓你過度偏執，也就是極端的趨利而忘記風險、極端的避凶而放棄機會。人類面對風險、損失，甚至是獲利，都容易心態炸裂。

同樣地，我們的天性容易短視近利，不擅長計算未來。暢銷書《先別急著吃棉花糖》一書中，問了讀者一個問題：「如果只能擇一，你要拿一百萬元？還是每天給你一塊錢累積金額的倍數，並連續給你三十天？」聰明的讀者可能會知道，類似這種問題，應該要選看似有蹊蹺的後者，但我們的腦袋實在很難算出來後者的總額數字竟遠遠超過一百萬元，高達五億三千多萬元（我們可能連幾個零都算不清）。所以簡單來說，你我出生時所配備的原廠大腦，其中作業系統在面對金融投資世界可能是有缺陷的。

掃雷與升級

腦袋作業系統雖有其缺陷，但可以後天訓練。好比說 AI 深度學習（AI Deep Learning）領域，機器可以在被餵養大量的數據後修

正其判斷，人類當然也可以。如同飛行員或特戰傘兵的訓練，最後是用身體去記憶，把答案埋進肌肉和反射神經裡，遇到狀況時，讓身體自動反應接手。

我認為大腦同樣也可以這樣訓練，不斷的閱讀、思考、回測就是一種判讀力的鍛鍊，讓我們大腦更新作業系統。比方說經濟學的訓練，就是藉由一個又一個的數據來糾正直覺偏誤，而在長期的訓練之下，下一次可能就不會這麼容易被表象和感受給說服。

我認為優秀的投資大師如彼得‧提爾（Peter Thiel）、凱薩琳‧伍德（Catherine Wood）、華倫‧巴菲特（Warren Buffett）、瑞‧達利歐（Ray Dalio）、賽思‧卡拉曼（Seth Klarman）等人，之所以常有真知灼見，或時而大膽地與市場持相反看法，就是他們長期有意識地訓練自己的判讀能力和觀念，而導出與一般人有落差的思考方法。

也就是說，當建立起自信，知道自己的判斷和勝率是可以禁得起市場考驗時，下一次你可能就會更勇敢地跳出大多數人直覺的框架去思考，就像是餵食給 AI 愈來愈多的數據，最後可以不帶感情、反

人性地，甚至有點冷酷地做出最適的決定。原始人性大概斬不斷，演化的力量藏在我們的每一個細胞裡，但我們可以藉由不斷訓練和有意識的調整，在遇到狀況時壓制人性缺陷的情緒，如焦慮和恐慌，讓訓練有素的觀念介入，做出冷靜的判斷。

第一部要談的就是我們的原廠大腦在面臨投資市場時，會有哪些bug？以及我們可以建立哪些新的標準作業流程？如此一來，當面臨意外時，便能在回過神後，掌握先機、做對判斷，把危機時的損失降到最低，甚至是把危機化為轉機，變成獲利的跳板。

第一章 日常迷思

培訓機師錄取率頗低，約在 1% 上下，2015 年，我退伍也沒補習就幸運考上，之後身邊親友經常問我為什麼要考機師？以及我到底怎麼考上的？

我開始投機師的職缺，是退伍前半年，在莒光日記的廣告看到華航招聘，所以國內的航空公司我就都丟了履歷。至於為何想當機師，我想大家期待聽見的是：「我從小就對翱翔飛行、藍天，有著無比的熱情。」但其實我在考機師面試那關時，幾位主考官也問過我一樣的問題，而我的答案是：因為錢多，我想賺錢。

考官們起初呆了一下，隨後笑得比我還開心。我可能是少數這麼坦白又白目的學員，但倒也不是我是什麼極度誠實的好人，只是單純因為我懶，如果要一直演戲、扮演自己是航空迷之類的，實在是太累了。不過我事後回想，會不會就是這種答案助我脫穎而出？因我後來發現，在錄取的培訓機師同事中，我這種私立大學的學歷實在是「雞立鶴群」，看不見別人的車尾燈，考官總是看上了我什麼才對。

在機師訓練的一年多中，我不僅學會如何飛上天，更從身旁優秀

的同梯學員裡，得到了人生上嶄新的視野，也從他們身上映照出自己腦中一些錯誤的認知。這種接近反射直覺的認知其實滿可怕的，會在不知不覺中，影響我們種種的想法與行為。因為錯誤認知就如一個錯誤的飛行儀表板，即便飛機性能再好，也很可能會讓我們與目標背道而馳，甚至墜落於茫茫大海。

黑白之間都是灰

當年這群同梯夥伴學經歷幾乎都挺驚人的，不只是學霸，還在各行各業引領風騷，很少像我這種第一份正職就誤打誤撞跑來當機師的。我一開始想說，很會念書的人可能比較像是書呆子，但一段時間後才發現，這群學經歷異常優秀的同梯其實比我更會玩，而且是那種玩中帶學、不浪費生命的玩。

例如，我的室友不僅是一流大學的高材生，也是一個說走就走、胸懷世界的背包客。常聽他分享到世界各地流浪旅遊的精采故事，包括他在印度吃壞肚子，在大使館前的草坪凍未條烙賽到暈倒，天亮才被警衛叫醒；還有喝掛躺在海灘木板上睡覺，醒來時已經漂到離岸很遠的汪洋中。這些聽來荒唐的故事，都讓他對生

命有了與人不同的視野與體悟。

受訓時的休假日，這群人很少宅在宿舍。因為他們大多是真的喜愛飛行，所以會相約一起來趟小旅行，像是跑去搭熱氣球，邊玩邊體驗飛行的一些道理。與他們朝夕相處讓我開始思索，過去很多我們強行一分為二的對立價值觀，或許會使我們錯看許多事情的本質，甚至錯過機會。像是「會念書就不會玩、很會玩就不學好、興趣不能當飯吃、想成功就得要苦讀」這類二元對立的價值觀，許多人都因這類根深柢固的偏見而拒絕了其他可能性。

我們也常聽到：「頭腦簡單，四肢發達。」但被譽為希臘三哲的思想家柏拉圖，其實是他的外號，他的本名叫亞里斯托克里斯（Aristokles），也是位著名的摔角選手，柏拉圖的意思正是形容充滿肌肉、肩膀渾厚而雄壯，後來因為柏拉圖這個名字太過響亮，以致於取代了他的本名。另外，我們也常聽到：「貪多嚼不爛。」但天才達文西，除了是文藝復興時期畫出一幅又一幅巨作的偉大藝術家之外，也是建築師、解剖家、軍事專家、科學家，甚至早就畫出直升機的藍圖，吃得又多、又補、又厲害。

而現在非常熱門的基礎星象學也把人分成了十二種星座、十二種個性，即是簡略地幫人上標籤。雖然近代竄紅的星象觀還有搭配水逆、星球運行這些我看不懂的條件，不過終究還是試著要去定義、標籤以及分類一個人。畢竟標籤其實很好用，幫助人類更有效率的做決定，不過反之，也可能會讓我們漏看了一些東西。

你可能會覺得我舉的盡是傳奇經典人物，是不是有點倖存者偏差的味道。舉這些例子只是因為他們名字好記，大家也認識，你不妨仔細看看周圍的家人朋友，應該也能輕易挑出幾個顛覆這類簡易分類的人。比方說，長很兇的，卻很溫柔；看起來很皮蛋的，結果是高材生；其貌不揚的，但是有很美的另一半。

擁有彈性和持續努力

超級學霸有些不僅會念書，還可以玩中學，把玩樂中體悟到的變成打通任督二脈、自成一格的真學。在認識那群機師同事之後，我更肯定「把興趣當飯吃」是可行的，於是決定將其變成一門結合生活的體驗，把樂趣和專業結合在一起，投入更多時間鑽研我一直很有興趣的投資。

就像多數人初到市場就想要賺大錢，覺得自己一定是少年股神，我剛進場時也是充滿信心，但隨著被市場教訓幾次之後，漸漸就也悟道了。所幸我沒有像有些人持續浮沉在有跟沒有之間，就像是薛丁格的貓那樣，在隨機之間找尋真理、蹉跎人生，我大約花了一年就想通一些受用無盡的觀念，也繳出了當時是自己總財產很高比例的學費。

股票市場是可以大賺大賠的地方，隨著本金擴大，也可能在長期報酬裡贏過本業的收入數倍不止。如果想把投資當成一個工作，就要明白一個簡單的道理：醫生需要受好幾年醫學訓練和實習才能執業，律師、司法官也需要多年的法學訓練和考試過關後才能執業，那我們怎麼能期待在可能賺到很多錢的投資市場，不需要訓練就能發大財？

股票投資對我而言，賺錢目的為第一，但研究和見證市場帶來的欣快感，也強大到我有時分不出孰輕孰重，比方說，雖然賠錢出場，但因此見證到歷史事件，我會覺得非常快樂。本身興趣剛好就在這邊，也願意投入大量時間，在市場中打滾也就帶來了無數的樂趣。

於是我就跟著興趣走，反正先做再說，畢竟規劃一堆東西就像白日夢，多半都不會按照劇本發生。反而享受研究股市、產業衍生的喜悅，可以帶來資產的慢慢累積，也才有了後來 Podcast 上的股癌，而 Podcast 也意外地受到廣告商的青睞。在我開始錄音時，台灣沒有什麼明確的 Podcast 廣告文化，我就是無腦蝦做一頓，沒想到後來卻變成我增加投入市場本金的管道之一。

「無心插柳柳橙汁」挺適合套用在我身上，如果不是有強烈的動機去執行，就不會有今天。但當然有些人會覺得這又是另一個倖存者偏差，這時聽我一句話：「古今中外哪一個成大事的沒有受到幸運女神的眷顧？」你覺得他們純粹就是幸運嗎？還是說努力的人比較容易被機運欽點呢？

三大因子和一個隱藏加分 ————————————

我認為投資就三大因子和一個隱藏加分：「本金、報酬率、時間，加上投對胎。」投胎的部分我無法教你，我自己投胎在一個爸媽不需要我養，但他們也無法給我投資本金的家庭，我認為已經算是非常幸運。出生在優渥家庭的孩子成功機會一定比那些在平庸

環境長大的孩子來得高。台大的學生平均家境都好過野雞大學，而富家子弟可以有數次的創業失敗機會，窮人的孩子可能一生攢錢只能拚一次，一次失敗就得回老家種田到老。投對胎會在你人生中幫你暴力加速，有些人可能會說：「我們看過很多富二代敗家子啊！」你不該把個案當通案，事實上階級複製是不爭的事實。

撇除掉投對胎這種無法決定的事情，其中最好掌控的是本金。就算你的薪水不高，也能靠多份差事來增加，或是說隨著入社會久了，也能期待相對較高的薪酬或收入；報酬率就稍難一點，要追求超額收益 alpha（實際報酬率減去理論報酬率）就必須要有高明的投資技巧，有些人畢生可能都無法打敗大盤。

而過度追逐報酬也可能掉入高波動的陷阱，在每次的下殺重傷。三要素裡最困難的就是時間，巴菲特有這樣的成就，除了投資的技巧外，就是活得夠久。時間是複利的好朋友，而複利即是你的好朋友。應該沒有人能確定自己可以活多久，能做的就是維持健康的習慣和飲食，活愈久我相信對於專注的嗜好或是興趣，一定可以有更深的造詣。

投資概論,大道至簡 ————————————————

有種境界叫大道至簡,因為真正的艱難學問,在歷經不斷歸納、辯證、去蕪存菁之後,能得出如「$E=mc^2$」這麼簡單、卻又極其不簡單的簡約大道。在投資股票上也有這樣的道理,那就是定期買入大盤市值型 ETF 的被動投資。像是追蹤美國標普 500 指數的 VOO (Vanguard 500 Index Fund ETF)、IVV (iShares Core S&P 500 ETF)、SPY (S&P 500 ETF TRUST ETF),定期買進,你的績效就會貼著美國市場走,贏過大多數主動基金和投資人。若你相信人類、相信美國,買市場就不會錯。接著配息再投入、長期持有,到最後複利的效果會令你感到驚喜。

若不像巴菲特和我一樣持續看好美國,想要分散風險投資全球,也可以透過 ETF 辦到(把巴菲特放前面,因為他怎麼想比我重要多了)。可以用 VTI (編注:Vanguard Total Stock Market 整體股市,是由 Vanguard 公司在 2001 年 5 月 24 日成立的 ETF,可說是代表整個美國股票市場,主要跟蹤 CRSP 美國整體市場指數,也是全球前十大 ETF 之一。) 配上 VXUS/VEU (編注:VEU 和 VXUS 都是投資美國以外的全球已開發與新興市場。兩者投資四大地區的比重也相當近似。VEU 和 VXUS 主要差別在於兩支 ETF 對中小型類股的涵蓋程度。) 或單純用一檔 VT (編注:Vanguard Total World Stock Index Fund ETF,

Vanguard 公司發行，成立於 2008 年，追蹤 FTSE Global All Cap Index 指數，包含美國、美國以外的已開發市場、新興市場。）即完成全球投資，這些都是涵蓋了全球數千檔股票以上的 ETF 配置。一般人只要能做到如此的配置，就已經勝過大多數還浮沉於奇怪金融商品，如琳瑯滿目的保險、外幣、衍生性金融商品、有的沒的資金盤，以及定存的那些人。也就是說，你不要踩雷，走一個市場的平均報酬，其實已經擊敗一大堆人，而天下真的有這樣的好事。

如果只想跟著台灣國運走可以嗎？追蹤台灣 50 指數的兩支 ETF：0050、006208，相當程度涵蓋了台灣重要的大公司，這類 ETF 特性是永遠會涵蓋市值最強大的台灣 50 家公司，並汰弱留強。我們很幸運，台灣是國際上表現很好的市場，也有許多國際強棒。許多人聽長輩說台灣股市永遠都是萬點而已，其實觀念不太對，你要看的是「加權報酬指數」。台灣市場的特性是喜歡配息，而且配很多息，如果你把息都丟回去市場裡利滾利，其實台股不只摸了一萬多點，而是已經上三萬點了。

稍微可惜的是，台灣的大盤市值型 ETF 在費用上相對不便宜，但仍算可以接受，我認為將來終究會慢慢降低。感謝約翰‧伯格

先生（John C.Bogle），我們可以用低廉的費用完成全球配置，也因為有像 Vanguard 這樣的公司存在，維持業界的競爭，受惠的正是消費者，長期趨勢下應該會有愈來愈多實惠的選擇。

若有些人因為是退休金規劃需要降低波動，那可以評估塞入一些債券 ETF 來做到股債對沖，如此一來，遇到熊市或急殺，就能夠降低波動程度，之後再平衡也能確保在低檔有額外資金加碼。

而債券到底是不是必要的配置，或債券的比例該抓多少，也不是黑與白的絕對值，保守一點的人可以把債券拉高，不怕波動的年輕人甚至可以完全不需要債券，我個人就不喜歡債券的配置。坊間的文人相輕，常常互相計較配置的比例，或是產品的選擇，但我認為投資理財絕對是因個人條件不同而不同。有一好，沒兩好，債券可以幫你降低波動，但是若走大牛市就會重拖你的績效。

短短的一小章節我們就把投資的概論說完了，當然上述的產品都有替代品，也有多種排列組合，那就看你怎麼選擇了。持續投入、投資大盤、投資台灣、投資美國、投資全球，保持樂觀，因為投

資是一輩子的事情。雖然很多人都說投資很困難,但投資確實有相對簡單、高 CP 值、且穩定的方式,績效還能擊敗一堆人,就看你信不信。

有了這層認知之後,我才會建議大家去做主動選股來試試自己有沒有可能是下個彼得‧林區(Peter Lynch)、喬爾‧葛林布萊特(Joel Greenblatt)、李錄、巴菲特或是最近很紅的凱薩琳‧伍德(Catherine Wood),畢竟大家認識的投資大師們,幾乎都是以主動選股投資為主。

保持警覺,接受多元

經過我的說明後,不管決定採用定期定額買大盤市值型 ETF,或是選擇主動選股都可以,投資的方法本來就百百種。怕的是既不相信大道至簡,但自己也沒有下功夫認真苦學,而最後折衷的方式,竟是自己去網路上,花時間查找所謂股票老師和坊間偏方跟單食用。

偏偏這種現象的發生,竟又是非常合邏輯的。願意苦學的、走出

自己道路的人，終究是少數，而我們很容易錯以為，花點時間找股票老師，就已經是做完功課了。畢竟這好像是某種「相信專業」的呈現，但問題在於你不知道你找到的是神，還是鬼。所謂「IKEA 效應」就是指人會放大自己的重要性，總覺得花力氣組裝的家具比較好，搬家時也捨不得丟。因為太過看重自己花的一點力氣，在網路和電視上好不容易找到的股票老師就會抱得緊緊，堅信他們的指導，因為這可是自己花力氣找到的。

看到這，你可能會想那如果本書作者也是來亂的怎麼辦？有可能啊，所以樹立自己的判斷力，不容易隨風搖曳才顯得格外重要，你要先能辨別誰是人、誰是鬼。若可以花個幾分鐘就知道一個人正派與否、觀念是否值得參考借鏡，是很幸福的一件事，而這樣的訓練需要持續精進，也需要時間。

起飛前先校正儀表板，進入投資市場務必放下心中非黑即白的成見，頭腦簡單不代表四肢發達；會漲的不代表是好股票，可能業障很快就來統統倒回去；基本面優質的公司未必是好的投資標的，因為財報反應過去，卻未必能反射出未來；故意讓人聽不懂、有一堆術語的專家，未必理解投資，他們可能只是把事情搞複雜

來賺資訊不對等財；拿出一堆數據、報表、論文主打科學投資的人，可能一點都不科學；而主動或被動投資，也都是個人的選擇，沒有絕對的對錯。

第二章 物極一定必反嗎？

我媽跟我講過一個故事，老爸和她一起去朋友家作客，老爸的這位友人是暴發戶。那天這位友人得意地說他水果絕不吃當季或在地的，只吃日本或歐美空運來台的水果，他們家的水果長相也跟尋常家庭大不相同，看起來就很厲害。

離開後我爸說了一句：「囂張沒有落魄的久啦！」短短幾年後那位友人果真風光不再，我媽一直說都是我爸烏鴉嘴。當然我不是要讚賞我爸鐵口直斷的功力，而是想討論人性中直覺的反應：「囂張沒有落魄的久」這當中的陷阱。其實整個事件說穿了大概就是眼紅別人一夕致富，一定要罵個兩句，以及人性期待善有善報，惡有惡報的心理。雖然可能是很自然的人性反應，但如果把這樣的直覺帶進股市投資裡，判斷上可能就會失準。

漲多不一定必跌，跌深不一定反彈

「囂張沒有落魄的久」反映了多數人總認為，萬物的起落通常可以用「趨於平衡」來歸結，就像是自然界的大循環：物極必反。某些案例來說是有道理的，但卻不是一個必然的法則。金融學上有所謂的「均值回歸」，比方說，一些某年爆紅的基金後來表現

得很差、一代股神連續數年打不贏大盤、空頭之王判斷早洩，空在起漲點等等，這些算是典型的均值回歸應用。但我們也能舉出一些反例：若採樣了不同的時間軸，如按月之於按年計算；不同的產業，如科技產業之於相片沖洗和實體 DVD 店；不同的週期，如新生的之於成熟且開始老化的市場和企業，看了這些例子，你可能會產生截然不同的想法。產業結構的改變可能會讓時代的眼淚產生；資金的大量寬鬆可能會造成估值脫離均值直線上爬；電動車普及、禁油車規定以及開採技術的進步，可能會讓原油需求持續下滑等等。

天地萬物的日常平衡，像是日出日落、潮起潮落、春去春又回的大自然現象，讓我們對於循環習以為常。但用這樣的概念來看待股市和市場，很容易有的反射直覺便是「漲多必跌，跌多必漲」，而這樣的反射思維，是頗具風險、且有偏差的。

如果你從標普 500 或台灣 50 去撈權值股出來檢驗，就會發現許多股票的走勢就是一路往上爬，高還有更高，每個短暫的低谷實為難得的買點。這樣的例子雖然不是非常多，但絕對不少見，這就是漲還能更漲、強還能更強的案例。

反之，像是前幾年的挖礦顯示卡和主機板、被動元件 MLCC 缺貨漲價、防疫用品稀缺、貨櫃或散裝航運運費漲價等等，數年一遇的機會財股。這些賺機會財的公司由於一時的稀缺，緊急拉貨造成漲價或業績短期的大幅上升，股價也跟著暴漲，最後做出一座山峰後套滿一堆人，有些人甚至這輩子無緣解套。經典的做法是股價炒起來以後，放出諸如「產業前景好到看不見需求盡頭」等刺激消息，再搭配法人，如魚市標黑鮪魚似的，目標價愈喊愈高，等到差不多了，就開始獲利了結，全部倒給散戶，接著股價崩落。撿到股票的可憐散戶們可能還以為自己撈到便宜，「你看基本面數據真的有改善，前幾天要一千元的股票現在只要七百，當然勇敢買下去」！這種吃人不吐骨頭的例子不勝枚舉，也讓人不勝唏噓。這些股票不能完全算是炒作，基本面確實有改善、獲利確實有開出，但因為只是曇花一現而已，當然股價也會一一還回去。

那連續數月數年下跌的股票呢？人性總想撿便宜，在商品特價、週年慶時總有失去理智的洶湧血拼人潮，低價搶入那些本來價格更高的商品。但與這些特賣會特質不完全一樣，市場是個用錢投票的地方，當然不排除在一些案例中，你可以找到被市場錯殺的

標的，但也多的是「罪有應得」的公司，連年的股價下跌實際上就是法人、分析師，甚至內部股東都持續拋售，等待凋亡而已。

在市場裡也有想要低價血拚的人，這些人許多是研究財報的好手。他們以為自己像是葛拉漢（Benjamin Graham，巴菲特的老師），從連年特價的股票中翻找，並判斷出內在價值（intrinsic value）高於價格的標的，於是就持續地買進。基於各式各樣的原因，那些公司最後可能還是倒閉了，如管理人員有弊病、產品不再被時代接受等等。以為人棄我取撿寶鑽，實則是人去你取收破爛。

但別放棄希望！市場上也不乏股價起死回生、危機入市、最後大賺的例子。比方說，下市的力晶後來重新以力積電上市，本來臉書上有個力晶自救會也改名為同樂會，從原先一面倒開罵，轉變成眾人都開笑起來，店內店外充滿了快活的空氣。

你必須理解市場的隨機性，從來都沒有一個絕對的道理和準則，如果有，那怎麼不 all in？雖然市場可能充滿隨機和不確定性，仍舊可以試著去找那些在自己防守範圍內，對於基本面夠了解的

公司。找尋類似滾雪球般，可以愈滾愈大，優勢也更加龐大的機會。

比方那些有明確策略規劃、大量客戶撐腰，以及在各自的領域裡難以取代、所謂護城河很深的公司，就是可以注意的對象。護城河的觀念其實很簡單，只要是如果沒有它們，就會讓整條供應鏈感到頭痛，取代難度愈高的，就是護城河愈深的。毛利就是一個很簡易的判斷方式，一般來說，毛利愈高的公司往往競爭力愈強。舉個例子，比方說除非主廚是小當家，否則路邊小吃店護城河普遍都淺，你大可以不吃這家，去吃別的餐廳，完全沒差，也沒損失；但若想換家晶圓代工廠，幫忙生產手上的先進製程設計，那市面上根本沒有多少選擇。

但是，強大的公司在未來幾年後會不會還是下跌時的必撿鑽石？那也未必，也有像是柯達、宏達電、百視達、IBM 這些時代的眼淚，曾經占據山頭，但拐了彎，走錯了方向，就再也回不去；抑或是本來雄霸一方，但因為有新的競爭者導入，或是做了致命的錯誤決策，就此進入衰亡的轉折。

我們要明白投資是一輩子的事，唯一不變的就是永遠都會改變，終身學習便成為非常重要的課題。我們應該要避免人性的直覺認知，「漲多必跌，跌多必漲」可能會讓我們錯過後續的大漲幅，甚至是跌進深淵；而「強能更強，弱會更弱」則可能讓我們踏入機會財股的陷阱和錯失轉機股的暴利。

我希望分享到這邊沒有讓你對市場失去信心，好像一些以前認知的法則都被挑戰了。若選擇要踏入主動投資的範疇，就要接受持續不斷精進的學習和努力，不同於稍早跟你說的，高 CP 值且好理解的指數化投資，這是一條辛苦的路。

企業壽命縮短，但大者趨於更大 ————————

你知道納入標普 500 指數的美國前 500 大市值的企業平均壽命有多長嗎？是 50 年嗎？但那是 1950 年代的事了。

根據顧問公司 Innosight 統計，2017 年全美前 500 大企業的平均壽命略低於 20 年，而且預計到了 2027 年，這個數字估計更會來到僅僅 12 年左右，這跟人類最好的朋友狗的壽命其實差不

多。這個訊息更告訴我們，跌多的股票一去不回頭的風險，在未來恐怕更高。因為產業變化加速、更迭週期縮短，企業也就陷入更快不斷新生與衰亡的循環。而當企業都衰亡了，何況是股價？

然而，另一個數字卻也告訴我們，大者趨於更大的時代也同時來臨。羅素 3000 指數是由美國市值前 3000 大企業所加權計算得出的指數，根據摩根資產管理公司統計，自 1980 年以來，漲幅已經超過七十倍，表現相當傑出亮眼，而可怕的是在這個數字背後，如此驚人的漲幅，僅來自 7% 的企業貢獻。

7% 的企業貢獻了指數七十倍以上的成長，這個訊息告訴我們許多重要的事，其一是，若是挑對企業，我們的報酬長期可以大爆射，只是這個機率頗低，只有 7%。其二是，若挑錯企業投資並持有的懲罰也很驚人。同樣是羅素 3000 企業，自 1980 年以來有 40% 的企業，其股票市值重重下殺 7 成以上，而且多半沒有所謂的「跌多必漲」，而是一去不回頭。

這是一個大者更大，但週期變短的時代。而資本世界現實且殘酷，根據經驗沒有任何一家公司可以永垂不朽，凋零只是時間的

問題。就算未來可以出現賽博龐克世界裡的超級巨獸企業，相信也不會有很多家。

別跟股票談戀愛 ————————————————

腦筋動得比較快的讀者，已經可以猜想到面對股市，我們可以如何選擇來增加投資勝率。因為 7% 的命中率實在偏低，所以無論如何都不建議單壓一家企業的股票，戀愛的專情法則不適用於股市。防呆的基本做法就是多元配置，也就是雞蛋不要全放在同一個籃子，這才能大幅減少你一次被抬出場的機會。但當然如果十分有把握，且自詡為專業人士，單壓、重壓也是一種選擇。因為賺錢的方式，從來不只一種，但必要的前提是，清楚並能承受風險，了解自己在做什麼。

因為企業與局勢更迭太快，千萬別跟股票談戀愛，該放手時就該放手。但也很可能在我們放手、放生之後，該股票卻不講武德大漲。這時候別為難自己，要記得當初放手的風險考量，也就是說，你要相信當時自己為什麼會這樣做。我們的目的是培養出一套判斷稽核機制，雖然偶爾會錯殺一些可以漲成大魚的機會，但也因

此讓我們可以避開許多嚴重的虧損。

總不會有人等樂透開獎了之後，才深深懊悔自己幹麼不簽這幾個數字吧？當然，如果不願意花力氣，或是也沒能力去找出這些 7% 贏家，因為連多數專家都不一定挑得到，那麼不斷幫我們汰弱留強的市值型 ETF，就是種選擇。殞落的企業會自動剔除，然後再加入新的高市值企業，生生不息。

這就回到一開始說的大道至簡，你其實是有相對輕鬆的方式可以投資。但我知道多數人不甘於 8% 到 10% 上下的報酬率，都想進去拉斯維加斯來個 double or nothing，若是如此，在挑選冠軍賽馬下注的路上，就記得不要踏入人性的陷阱。

第三章 大腦的神替換

我是無神論者，總覺得信仰使人軟弱，但家人算是有民間信仰的人，多少祭拜祖先。每回我被叫去燒金紙時，總是抱怨這樣不只傷肺，還破壞環境，到底燒這些有的沒的要幹麼？家人也不太與我爭辯，總回說：「你不懂啦！」我心想是你們比較不懂吧？但尋思長輩也吸了這麼多年，我不過就偶爾陪吸廢氣而已，為了讓大家好做事，也就妥協了這個我視之為陋習的慣例。

但人真的不能太鐵齒。去年年底撿回來的流浪狗 Choco 要動結紮手術，事先努力比較找了幾家優質獸醫院。原本打聽到一家風評不錯，也約了手術時間，但手術當天才發現該醫院沒有針對寵物提供藥物過敏測試。雖然過敏機率微乎其微，但我還是取消了手術，寧願重新再找一家，就差不多是這麼用心。

手術當天到現場，在 Choco 被醫師帶走後，我才驚覺自己的軟弱和無助。雖然我已用盡能力安排，但卻沒有醫師能保證那條拖鞋破壞狗 Choco 一定能平安出來，因為每個手術都有風險。所以手術進行的當下，我瞎忙地向眾神禱告，且因我不知道該向哪一位神尊拜託，於是只好古今中外凡是我知曉聽聞過的神明，全都真誠訴說，祈求垂憐。耶穌基督、菩薩佛陀、宇宙神魔造物主、

賭神高進，反正就是向想得到的神字輩都求了一次。狗命關天，寧可錯拜，絕不可放過，頓時也忘了自己本身是毫無信仰的人。

大腦拜神，好讓我們放過自己

明明一直都是無神論者，覺得信仰使人軟弱，可是為什麼還是在需要時選擇性地相信有神明的存在？後來某日讀到查理・蒙格（Charlie Munger）的說法，覺得頗有道理（編注：查理・蒙格是股神巴菲特十分倚重的事業合夥人，巴菲特曾形容是查理・蒙格讓他從猩猩進化成人類）。查理・蒙格一針見血地指出，人在兩種情況下，會傾向相信宗教。這兩種情況，正是疑惑與壓力，而查理・蒙格更坦言，他觀察到的世間真相是，大多數人的自然狀態其實是需要某種宗教信仰。

順著這項解釋，我們不難理解兩件事。第一，先不論世界上有無神明存在，但拜神信仰其實是一種心理需求。第二，因股市投資是充滿疑惑與壓力之處，所以在股市裡，人性也容易渴望有股神的指引。拜神是一項心理需求，因為能讓我們暫時放下沉重壓力。而事實上，不僅拜神，我們的大腦常會來招「神替換」，把難解的問題，暫時替換成可解之事。例如，去或不去、做或不做

某事，有時我們會丟銅板決定；想知道某人是否喜歡我，我們會數花瓣決定。即便邏輯上根本不通，但在無計可施之下，往往也寧願暫時先被蒙蔽，以免大腦壓力大到斷線。

這種偷天換日無可厚非，特別當我們已盡了所有努力之後。但是，我們可以軟弱一時，卻絕不能軟弱一輩子。拜神心態最可怕的是，會讓我們不加思索地偷懶，將命運完全交給神明，或是遇到問題習慣不動腦，全交給完全沒訓練過的直覺，甚至若把這類心態帶入股市投資，那下場更可能會是自己走上偏門，中了牛鬼蛇神的騙局。

股海牛鬼蛇神

股市裡的騙局多半大同小異。不外乎一些牛鬼蛇神，把自己包裝成無所不知，能神準預料股市走勢的股神，而這些牛鬼蛇神要賺的就是學費，或與炒作集團合作，哄抬炒高股價，再誘騙廣大信眾進場，信眾們的真金白銀換來的股票全部套到山上，慘烈者甚至成了壁紙。

這類憾事層出不窮，每天在臉書、Telegram、Line 那些照片弄得漂漂亮亮，問你有沒有在投資的，多半都是港股仙股詐騙集團。這些人通常專挑那些沒有成交量、股價又超低的殭屍股，藉由犯罪集團的拉抬，吸引受害者買進之後倒給你，最後崩回原地。

此外，前陣子有位被封為華爾街女神的女子，講述自己從清寒打工族到華爾街賺進上億身家的故事，再請出版社出版自傳，把美好人生分享給大家。又說因為佛心，推出種種課程照顧世人，兩天美股課程要價 25 萬台幣等等。若以為 25 萬的兩天課程沒人會去報名那就錯了，這樣的東西最後吸金了近三千萬元，最後鬧上了法院，才查出該女神根本無相關經歷或證照。在股市裝神弄鬼是門好生意，因為眨眼就是三千萬，這比辛苦研究財報和學習股市操作來得好賺。

我開始製作股癌 Podcast 才沒幾天，就有組織和個人要找我合作，非法的有資金盤、合法的有劣質產品或是要我一起兜售會員。令我訝異的是，我不過才初登板，就能有源源不絕的邀約，何況是那些已經在檯面上很久的。而後來也看到一些有的沒有

的，被我拒絕的產品和服務還是在別人的推薦下問世，每個人的道德標準果然不同。

金錢是容易讓人變質的魔鬼誘因，而現代社會是比以往更需要愛惜羽毛的時代，因為凡走過必留下痕跡。若你相信人生是無限賽局，就千萬不要貪圖快錢，接受魔鬼的誘惑。在股市和人生裡，我們應該大量參考多元意見，切莫深信某位人士或某個團體的單一意見，免得踩到大坑，成為報載苦主。

有策略，才能臨危不亂

人類是如何告別巫醫的？正如查理‧蒙格所言，人在面對疑惑與壓力時，會傾向擁抱宗教，而在生死交關、切身之痛的醫療領域中，充滿了壓力與疑惑，於是巫醫自然被深深需要。人類告別巫醫的原因，絕非我們看開生死，而是我們有了醫學常識做為堅強後盾。但非常可惜，從小學、甚至幼稚園，我們就被灌輸醫學常識，也清楚生病就該看醫生，但我們從小的財務教育卻趨近於零，所以在投資理財上常常只能毫無力量地任人宰割。

第一個方法就是建立正確理財觀念和加強自己的資訊判讀力。這也許慢，但路卻能走得長久且穩當。長期績效不錯的投資大師，如巴菲特、橋水基金的瑞·達利歐、橡樹資本的霍華·馬克斯，他們早就把自己的心法出版成書，也在網路上，跟著時勢變化，發表他們的意見備忘錄。當花幾百塊的小錢閱讀這些深有價值的書籍，以及上網看這些免費的 memo 後，因為已看過真正的大師，自然會有基礎能力知道誰是股市裡的牛鬼蛇神。你有現成、經過考驗的高手可以看，為什麼還要到處去學有的沒有的？

第二則是規劃策略，有紀律地實行。比方說決定如何配置安排，要有多少的科技股、傳產股，國內國外比例為何？是否需要債券降低波動，以及要不要放些比特幣等等。此外，也要依照自己的收入來規劃選定是每季，還是每半年、一年投入一次。當你有策略，遇到恐慌時才能臨危不亂。

新手先從投資大盤開始

比較簡單的方法則是，定期定額投資大盤市值型 ETF 的配置，決定要不要再平衡、再決定週期怎麼抓，以及多久投入一次資

金，去規劃一個長期可以持續的投資策略。標普 500 指數已經連續十年打敗 85% 的主動型基金經理人，而如果把時間再拉長檢視，過去十五年來大盤的勝率更是高達 92%。這也是為何我常推薦新人進入股市都是先從投資大盤開始，確定自己適合才慢慢轉一些部位去主動選股，就像是進去游泳池不要直接跳下去，要用腳先探一下水溫。

人生和投資路上，我們常會遇到想要擺脫壓力、不想再疑惑的時刻，許多人選擇逃離現場、賣出手上部位投降。你可以選擇敬神禱告，畢竟這符合人性心理需求。但我的建議是，在每一次遇到挫敗就要睜大眼，記下這次的感受和經歷，長久下來會慢慢戰勝壓力與疑惑，把自己平常的累積變成信仰，壓力變助力，疑惑變自信。相信自己絕對好過病急亂投醫，把路邊邪廟當神廟，不要人牽毋行，鬼牽溜溜行。

金錢是容易讓人變質的魔鬼誘因，
千萬不要貪圖快錢，
接受魔鬼的誘惑。

第四章 別隊的球衣

我太太曾問過我一個滿有趣的問題。她說：「為什麼男生打籃球的時候，常常會穿其他球隊的球衣？明明就不是 NBA 湖人隊、勇士隊或籃網隊，為什麼要穿上這些球隊的球衣？甚至背號上還是別人的名字？」被我太太這麼一問，當下我也覺得這確實還滿逗的。原來我們從小打球或練球時穿上 NBA 球隊的球衣，從一些人的角度來看，竟充滿了「有必要嗎」的疑惑。

於是我開始思索，我們到底為何要穿別人的球衣上陣？最直觀的一種假設，是因為打球的人本來就需要一件球衣，於是就買自己喜歡的款式？這當然有可能，但其實帶有 NBA 球隊、球星字樣的球衣，都要價不菲，所以多數人應該不太可能只是因球衣需求而買，畢竟性價比實在太低了。那麼，是因為支持某球星、心生崇拜而買嗎？這當然有可能，但很多時候，我們也可以在心裡崇拜，不一定要穿在身上，明顯露出來。所以，買知名隊伍的球衣更多是為了刻意顯露？如果是的話，那這又是什麼樣的心理需求？

事實上，這個情節不只在男孩們身上。例如電影裡常見的情節：女主角為了要打入貴婦圈，手中一定得有個貴到哭的名牌包，這

個名牌包正是進入上流社會的「球衣」。所以,諸如跑車、蘋果手機,甚至小學生間流行的動漫商品,可以說都是某一個群體的「球衣」。擁有某款爆紅商品、某項資格,就是我們加入某一群體的會員卡。

所以我猜想,這當中肯定有一部分來自人性中的歸屬感需求。年度賣得最好的球衣,幾乎都是冠軍隊伍裡的明星球員,也就是所謂的當紅主流。穿上最多人穿的球衣也正代表,「我」不僅是我,而更是「我們」。我們支持同一支隊伍,我們有共同的信念,甚至我們會一起為自家軍喝采、唱衰敵隊,如此同仇敵愾、敵我分明,也讓同陣營的情誼,更為緊密。

是球衣,還是囚衣?

群性歸屬感在現在網路社會,有個更淺顯易懂的名詞:「同溫層」。而在股市投資界裡,往往更常見同溫層現象。

投資界諸多門派,各有各的學問,如主動、被動投資,價值派、成長派等等。拜網路之賜,理念相同的投資者很容易聚集在一起

討論，這是非常好的成長方式。相對的，不同群體間也會出現門戶之見、敵我分明的同溫層副作用。

若是抱持這種心態，身上的球衣某種程度也就變成了「囚衣」，箝制住我們的想法，讓我們產生盲點，甚至是掉入資訊的陷阱。投資心法、策略，其實都是獲利武器，而武器不正是愈多元愈好嗎？為何一定非用大砲打小鳥？或是明明該用原子彈重擊時，我們卻還只是用子彈搔癢？然而，喜好加入某一特定群體，進而敵我分明，偏偏又是人類演化的結果。在人類漫長的演化過程中，互相合作的結果，會提高生存率，而迅速辨認敵我，馬上逃跑或攻擊，則會降低死亡率。

同溫層陷阱重重

演化心理學更推論，在演化大賽中，最適合存活下來的人類族群，並不是只懂得愛，也非只有恨。得分最高的，是對自家族群有濃厚的愛與忠誠，對群體之外的人類，則可以毫不手軟，甚至是恨意濃烈，因為這樣的團體，對內會緊緊團結，對外則會狠心滅絕鄰近部族，甚至對戰過程中，這類族人更容易「因愛捨生」，

願意為了自家族人的大勝利,而不惜犧牲自己的生命。於是從演化來說,這類「內愛外恨」的族群容易打勝仗,最終稱霸天下。而我們正是這些「贏家」的演化後代。

但上天弄人的是,在演化路上,敵我區分雖有助於生存,但時至今日,身陷單一同溫層的人,卻可能成為生存弱勢。別誤會,同溫層不完全是壞事,如果你身在一個優秀的精英圈子,這個同溫層會讓你愈來愈聰明。只是有時候你可能待在一個不好的圈子裡而不自知,在金融投資圈這種情況滿明顯的。例如,一些投資意見領袖充滿攻擊性,會塑造唯我獨尊的氣質來鞏固受眾,可能外顯上看起來很專業,也很科學,但實則有些是要賣金融產品,有些則是禿鷹集團的喊盤手。

此外,別忘了時代的眼淚這回事,金融投資、產業前景、投資策略和市場偏好總不斷翻轉與修正前行,單一觀念、單一策略,未必能永遠闖蕩江湖。同溫層容易讓人互相取暖、報喜不報憂,落得觀點單一,無視警訊。雖然賠錢的時候,是大家一起賠,心理會好受一些些,但畢竟這不是我們投資所追求的目標。

多聽不中聽的話不會讓你少一塊肉，但少聽到幾次逆耳的忠言，就會讓你少很多塊肉。

借同溫層擺脫同溫層

要擺脫同溫層束縛最好的方式，就是加入新的同溫層，而且不需要跳脫本來的舒適圈。你可以想成本來是天天吃牛排，改成試試一三五吃牛排、二四六吃個魚排，說不定會發現新的天堂。很多股市經理人深惡痛絕比特幣這類加密貨幣，特別有趣的是，他們對比特幣的厭惡，其實就像許多人討厭股票，是一種自然反應，卻不是深入了解之後的結論，這其實也是人類面對不熟悉事物的直覺反應，先罵、先殺就對了。這種敵我分明的情緒：「與我（投資策略）不同的，便是要剷除的敵人」，是不健康，也不必要的。

我們回顧一下歷史，2000 年年底的《每日郵報》（*Daily Mail*）斗大的標題寫著：「網路可能是個過時的潮流，數以百萬的人已經放棄。」現在看起來這句話跟笑話沒兩樣，但當時讀報的人可不這麼想。觀察貨幣歷史，貨幣體制最早都是少數人互相制約信賴的機制，最後才慢慢被多數人接受。我不確定比特幣會不會有

完美的大好前途，但是接納這些討論毫無壞處。雖然我是股票起家，但卻絕不讓自己只身陷在股票這個同溫層中。我建立的「股癌」Telegram 討論群組，目前台股有九萬多人加入，美股群也有七萬多人，但在比特幣上兩萬點美元時，我開設了虛擬貨幣的討論群組，人數目前也接近兩萬人。而在寫這本書的時候，比特幣是五萬美元，我們十年後回來看看會怎麼樣吧。

進入新的，甚至是「敵對」的同溫層，其實正是把敵人變為自己人的關鍵。在新的同溫層中，我得以持續交流與吸收新知，也得以避開在舊的同溫層中，敵我分明的強大副作用。而我如此轉換、新增同溫層的代價是什麼？在人類演化史上，若離開族群，常意味著死亡，但在網路世界，轉換同溫層，代價不過是點幾下滑鼠，如此簡單。只是我們的大腦常還沒能跟上這種翻天覆地的變化，就會抗拒離開歸屬，也就沒能加入新的同溫層，沒能繼續前進。

所以，當網路上集體公審某人，或說未審先判、集體霸凌某人時，我也常會點點滑鼠，加入那個人的臉書或是粉絲團，以此得到觀察的機會，更重要的是，我可以有自己下判斷的機會。唯有不斷

練習與判別，我們的判斷力才得以校正，才得以更精準。

穿上大師們的球衣

最後，我也建議可以把績效最好的操盤經理人，都當成你的同溫層。特別是美國證券交易委員會規定，只要管理資產超過一億美元的投資機構，每季都需要公布手上美股的持股報告（簡稱 13F 報告），所以誰績效最好、投資大方向往哪？都可以清楚看見。每季看看知名對沖機構的持股變化、盈虧變化，某種程度而言，你也「穿上」了這些投資大師的球衣。當然大師也會犯錯，但這些大師之所以為大師，是因他們的勝率比起一般人高出許多。

勇敢新增同溫層，加入的代價很低，甚至比花錢買一件 NBA 球衣還便宜，但其帶來的獲益，卻能讓我們免於風險，甚至再創新高。這種下檔損失有限，上檔獲利無限的投資，實在是投資與人生路上，極具投資價值的好抉擇。

第五章 輸家的絕招

有在玩格鬥遊戲的人對於所謂的「連續技 combo」應該都很熟悉，也就是以連續組合，不間斷地攻擊敵人，刷出雙位數的 combo，讓整波攻勢如排山倒海般一口氣吞沒對手。

人性中有些弱點相遇之後，也可以 combo 起來，在層層疊疊、彼此推波助瀾之下，最後一舉重傷我們的投資績效，甚至讓我們一招斃命。這種人性弱點的起手式就叫做「一意孤行」，一意孤行從來不孤單，背後往往是我們好幾種天性的綜合。而一意孤行的好朋友，就是抗拒改變，一樣是大腦內建的 bug。

大腦與卵子

人類的大腦與卵子其實有個相似之處。當精子進入卵子後，卵子就會自動啟動封閉機制，好阻止其他精子進入，而人類大腦也有喜舊拒新的傾向。這也無怪乎經濟學家凱因斯感嘆，新的思想之所以很難被接受，並不是因為新思想太過複雜，而是因為與舊思想不一致；愛因斯坦也說，唯一阻礙他學習的就是他受過的教育。《銀河便車指南》的作者道格拉斯・亞當斯（Douglas Adams）也曾提出了三個時期對新科技的反應：你出生時所見

的一切都是正常且普通的，就只是世界運作該有的樣子；在你
15 到 35 歲時發明的任何事物是新穎、令人興奮且具有革命性
的，你可能還因此找到一份工作；在你 35 歲以後才發明的事物
則是違反自然規律的。

看來各行各業的頂尖人士都發現，人心雖是喜新厭舊，但人類的
大腦卻是喜舊厭新，會傾向於封閉腦袋、抗拒新知。當我們腦中
永遠只有同一類知識，我們自然也就容易「一意孤行」，因為我
們根本沒有其他的選擇。這也就是所謂當我們手中只有鐵鎚時，
看什麼都像是釘子。

有一回看伊隆・馬斯克（Elon Musk）接受採訪時紅了眼眶，
我感觸挺深的，也體悟到那句「不要去見你的英雄（Never
meet your heroes.）」的真諦。馬斯克從小就有太空夢，影響
他很深的即是家喻戶曉的太空人阿姆斯壯（Neil Armstrong）
和塞南（Gene Cernan）等人。但長大後他想實現太空夢，讓
人類得以往星際文明的方向前進，並提出 SpaceX 等商業太空計
畫，阿姆斯壯等人卻在美國國會聽證會上公開抨擊他的計畫，認
為這只是在浪費納稅人的錢，應該要中止計畫。後來當馬斯克逐

步證明自己的理念可行，媒體問他對於當時這些傳奇人物對他丟石頭、反對他，他是什麼感受？那時馬斯克紅著眼眶說道：「他們是我的英雄，對我來說這很不容易，也很沮喪。我……（眼眶泛紅）希望他們來參觀一下，看看我們的努力，我相信他們會改變想法……。」我們現在看到 Falcon Heavy 和 Starship 接連試飛成功，但阿姆斯壯和塞南也過世了，相信馬斯克雖然走在成功的道路上，心中應該還是有些遺憾。

不論是馬斯克的 SpaceX 太空計畫，還是讓他成為全球首富的特斯拉電動車，都讓我們看到了一個現象，那就是每當革命性想法或產品問世時，總會招致世人一波又一波的非議，如從馬車時代過渡到汽車時，汽車被形容是「醜陋怪獸」、「會行走的炸彈」，當時守舊的人都認為馬車已經夠好了，汽車根本是畫蛇添足，而這不與電動車的問世如出一轍？然而，往往愈是顛覆，就愈具價值，但偏偏非議也最多。而股市投資，只問最終結果，不會問我們是否喜歡改變，因此一味抗拒變化，很容易就會損失新的獲利機會，甚至是賠掉過往的投資績效。

牛頓與股票 ————————————————————————

除了抗拒改變，能堅定一意孤行者的執念外，貪心這項人性弱點，更會讓一意孤行者，直接一路狂奔。牛頓有一個有趣的體悟，當然不是他被蘋果打到的那個驚人發現，而是他的投資經驗。

很有趣，1720 年的英國，全民都在追捧名為「南海」的股票，連知名科學家牛頓也不例外。他先是在該年一月以一百多英鎊的價格買進，而短短幾個月，股價就來到三百，數學能力非凡的牛頓，當然很滿意這個報酬，於是帶著豐厚報酬出場，但偏偏南海的股票，竟如「變了心的女友」，繼續高飛暴漲。

於是牛頓忍了幾個月，終於在股價來到七百時，投入比先前更多的資金入場，好來彌補這幾個月沒賺到的錢，而牛頓也沒看錯，在全國人瘋搶下，南海股價持續飆漲到一千英鎊。但同年，1720 年年底，南海股價崩盤。最終牛頓不但沒有獲益，他離場時的虧損金額，若換成今日的價值，相當台幣一億元以上。最後牛頓心痛地說出一句讓後人受用無窮的至理名言：「我可以算出天體運行的軌道，卻無法計算人性的瘋狂。」

雖然我覺得投資報酬翻倍不算貪心的期待，但如果沒有考慮到風險，也就是當貪心碰上一意孤行，那這類連續技所產生的效果，就連最傑出的科學家，也會被狠狠打昏頭。事實上，包含同溫層效應、拜神心理，都會讓我們更離不開一意孤行，因為有強大的力量牽引著我們，而抗拒改變的大腦，更會幫我們把錯的事情，一一自動合理化，於是我們會視而不見眼前的小警訊，甚至對於強烈的訊號都能自圓其說。

於是完美的組合技誕生，最慘烈的股市輸家也就跟著誕生。而且輸家真的不只有牛頓，換個名字與場合，荷蘭十七世紀的鬱金香之亂，台股 2020 年的元大原油正 2 之亂、TDR 之亂等等，誘人的陷阱永遠等著一意孤行的人上門。

懷疑、了解、動腦

要避免一意孤行最好的方式很簡單，甚至也很便宜。每當我們看見新的路、聽見新的消息，特別這是與你的投資完全背道而馳時，請一定要訓練自己，先從對方的角度來思考，而非一笑置之或是嗤之以鼻。

例如，很多時候，放空機構會放出一些消息，說某家公司的股票
被徹底高估。如果手中有該家公司的持股，一定要花時間讀這份
報告。因為就算看完，覺得這份報告根本狗屁，那反而幫忙增加
投資信心。若一心要放空的機構都找不出好的理由說服市場，那
還有什麼好擔心的？反之，若這份報告非常有說服力，那不更是
價值連城，能挽救投資悲劇？而讀報告了不起幾十分鐘到一小
時。又是一個經典的下檔損失有限來換取上檔獲利無限的案例，
花點時間來看看吐槽，非常值得。

對於新知和相反意見，我們應該懷疑，但更應該動腦去驗證，好
得出自己的結論。而且絕對不要假設提出這個觀點的人，只是異
想天開或智商不足。最不該的就是根本沒先去理解對方論點就直
接忽略，倚老賣老的心態、抗拒改變的人性，只是廉價賣掉自救
的機會。

但當然你也能在市場中找到許多一意孤行，最後帶來好結果的案
例。假設用成敗論英雄的角度來看，下面有一些真實案例都顯示
了一意孤行重注押對地方，也是有可能會有好結果：在大家會拿
幾十、幾百顆比特幣去買披薩時，選擇 all in 囤比特幣的少年幣

王；或是決定幫三歲兒子在特斯拉還沒風靡全球時，all in 存學費的爸爸。這些人都展現了一意孤行的韌性，那個三歲兒子幾年後比整個家族還有錢十倍。就是因為有這樣的案例，才會讓 double or nothing 的觀念常存大家心中，拜訪拉斯維加斯明知道高機率會輸光光，但還是要進去賭場賭個兩把。

我不打算評論這樣的心態是好是壞，畢竟我還是偶爾會手癢想壓個大的，比方說使用 leap call、三倍做多槓桿工具，或是選擇在財報日前押寶。但是隨著自己的成長，這樣的動作變得比較像是在買彩券。應該很少人會用身家梭哈買樂透吧？大概就是拿點零錢。如果說你配置得宜，動用一點部位去來個信仰之躍，我個人覺得無傷大雅，但要注意：窮人想賭博翻身，富豪想保本成長。

如果賭性堅強，還是建議稍加壓制一下。勞勃狄尼洛在電影「賭國風雲」（Casino）裡說了，賭場的機率基本上都是算好的，經營管理者的任務就是盡力把你留在場內就好。你可能可以賭中幾次，但終究抗拒不了誘惑，最終那些靠運氣贏來的，都會靠實力輸回去。

人性的弱點會組合成負面的一意孤行，就像是瑞士奶酪理論，當
完美時機來臨，就會重傷我們的投資績效，甚至是人生。但我們
也可以藉由訓練自己的反應和腦袋，取得某些正向優點和思考方
式，最後串聯成威力強大的能力，待時機一來，敲出安打。第二
部起我們來談談，如何一一獲得這些能力來面對不確定的市場。

第二部 ———

備糧

建構判讀的作業系統

「備糧」是上戰場、進場投資前的種種準備，
面對多變的市場，雜學和多方涉獵很重要。
　　別當市場的韭菜，自己的收穫自己顧。

教育讓聰明人多長了點智慧，
卻大大增加了蠢人的危險性。

—— 《黑天鵝效應》作者塔雷伯（Nassim Taleb）

瑞・達利歐是橋水基金的創辦人，掌管千億美元資產，即便他富可敵國，還是逃不過造化弄人。2016 年，他被診斷出巴瑞特氏食道症（Barrett's esophagus）合併高度表皮異常增生，有可能引發食道癌，但他的狀況特別，不適合開刀。瑞・達利歐回憶，面對這個突如其來的噩耗，他的決定就跟投資一樣，要對最壞的結果做出最好的準備。於是他又找了四位醫生諮詢，第一位醫生信誓旦旦地指出病情可以開刀，但必須切除他的食道和胃，有 70% 的機率成為殘障。

第二位醫師認為根本不用開腸破肚，只要定期追蹤，在細胞增生擴散前切除即可，對生活影響其實不大。最後的兩位醫師，建議先做內視鏡檢查，結果出爐，才發覺一切根本只是烏龍一場，瑞・達利歐除了沒有高度表皮異常增生，而且離癌症遠得很。

這類故事時有所聞，大家或許都不陌生，不過對我而言，瑞・達利

歐的故事不僅是茶餘飯後的笑談，更是我真實的經歷。小時候，我媽也曾帶我跑過醫院求診，醫生也曾斬釘截鐵地告訴我媽，這孩子必須動手術。但對我媽而言，絕對不可能就此坦然接受，於是跑去問第二個醫生。我與瑞・達利歐的遭遇如出一轍，結果是根本不用動手術，一切好得很。

這個事件或許更加讓我對事情傾向質疑，日後不論是工作或投資，還是看財經新聞與政治新聞，每當我聽見任何答案或指示時，總不由得去想，真的是這樣嗎？會不會還有更好的解方？甚至是這個命題本身會不會就有問題？

明白有極限，才能無極限

當心中出現問號，我就會不斷想找線索印證，而我展現出來的學習方式是雜學派，什麼都學、什麼都好奇。因我明白，重點不是我看

見什麼，而是還有什麼是我沒看見的？而會不會我沒看見、不經意輕視的，結果卻是致命的冰山？

以前我也思考過這樣的學習方式會不會有弱點。印象很深刻，小時候我愛吃的臭豆腐攤上面有斗大的標語寫著：「無所不能，一無所成。」我想這位老闆是想強調他豆腐炸得出神入化吧。而高中、大學練團時，有位好朋友也很常問我：「為什麼你一下摸吉他，一下跑去彈鍵盤，一下又去學鼓？」我也很難回答，啊我就全部都想學。直到長大後才發現，我這樣做也沒什麼錯，小朋友才做選擇，大人我全都要；小朋友「媽媽札摳」只買一種，大人直接全部包走。

在股市投資中，我也傾向什麼都略懂、略懂，但當然自己的策略之所在還是會往更深的地方去探索，多知道一點事情不傷身。雖然習慣做多，但我也熟知放空的方法；明白長期持有勝率較高，但也研究當沖和衍生性金融商品的特性和做法；雖青睞成長股，但也了解傳產股的大致面貌；雖持有飆股，但也常常翻閱熱門股的衰亡案例。

本書第二部「備糧」，是比喻上戰場、進場投資前的種種準備，面對多變的市場，說穿了就是學習二字。以糧食來做比喻，是希望能

讓大家更明瞭雜學和多方涉獵的重要，以及質疑單一學說的意義為何。

古人種植作物有所謂的五穀雜糧，而非單一作物。理由很簡單，要是種植單一作物，卻遇上這類作物的毀滅性天敵病蟲害、植物疫病，或是把收割好的糧食放在同一個穀倉，大火一來全都被燒毀，那就大家一起餓到前胸貼後背。

雞蛋不該放在同一個籃子裡的道理，本質上就是一種面對災害的防呆避險做法，也是比較適合初來乍到的人該有的心態。巴菲特說過：「分散投資是為了保護無知。但對於知道自己在幹麼的人，沒什麼意義。」在這之中要找到巧妙的平衡，我個人是認為你不需要把資產配置到一、兩百個標的上，因為你沒有能耐管理。但至於要像比爾・艾克曼（Bill Ackman）那樣，自豪約持有十個上下的標的即足夠，也是需要一番功夫。

觀念和知識應該都要動態靈活，隨著自己的狀態和能力調整。投資界有趣的現象是你永遠可以輕鬆地找到能顛覆掉任何一段論述的反例，萬有理論無法存在於股市之中。資產、心臟、現金流和風險耐

受程度的大小,甚至單純是個人偏好,都會求得完全不一樣的最適解。何況一個人隨著年紀增長,做法都有可能有很大的差別。在我得知要當爸之後的數週、數月,我對於許多既有的投資想法和金流規劃都產生了有趣的變化。

準備糧食除了學習耕種技巧之外,糧倉的管理成本、種子的價格等等,也是很重要的能力。所以在這一部中,我也想分享投資成本的概念。我們買罐可樂時多付 10% 會覺得被搶,但買股票時買貴了10%,很多人卻是一點感覺都沒有,甚至根本不知道自己買貴了。只要在股市裡做幾個低端的錯誤,就足以讓你喝一輩子的可樂,你就當成是默默地存了一大筆可樂基金吧。

而種植糧食,再怎麼厲害的技術也需要時間讓作物成長。但總有些人會有今天學一點點,明天就 all in 進市場的錯誤期待,接著殷切地盼望求神,祈願接下來都要漲,沒多久一個震盪,就嚇到 all out。這種揠苗助長和感性驅動理性的劣根性,會嚴重干擾經驗與複利的成長,而耐心是完成任何事情非常重要的一環,卻很常被大家低估和忽略。

我常在 Podcast 中告訴大家：「先去市場旁蹲著看。」股票市場是任何人都可以輕鬆加入，並瞬間把畢身積蓄賠光的地方。不急於幾天內就要拚個你死我活。先蹲著，才能跳更高，但也不要觀望數年，蹲到腳麻後完全跳不起來，實際進市場的磨練也很重要。

《黑天鵝效應》、《反脆弱》的作者塔雷伯曾說：「教育讓聰明人長了點智慧，卻大大增加了蠢人的危險性。」在現實生活中，我們可以避開無故被抓去手術、開腸破肚的風險，而在投資市場中，我們也應期許自己不斷長智慧，而且不要一知半解，盡信書不如無書。

一起來種菜備糧吧！不當市場的韭菜，自己的收穫自己顧。

第六章 加工食品與知識

或許是因我家族中，有長輩不幸罹患大腸癌，也可能是我爸爸本身就具備正確的養生知識，總之，我爸爸對三餐老是在外的我，再三強調一件事：「如果非得在外面吃飯，那至少多吃原型食物。」

原型食物的概念很簡單，對比加工食品的話，馬上就能清楚。如蝦子與蝦餃、豬肉與熱狗、香菇與炸香菇丸、雞肉與雞肉丸等，前者都是原型食物，保留了食物最初、也最應該的天然味道。我們也不難理解，如熱狗、洋芋片等加工食品，可能因為添加許多人工化學香料，口味相對比較吸引人，自然也比較不健康。所以我們經常會被告誡，這類東西可別吃太多。

但我們往往忽略的是，我們每日也都大量攝食「加工知識」。加工知識指的是，許多媒體、新聞工作者、財經專家除了傳遞資訊之外，也試著解讀這些資訊，將之包裝成「知識」，讓我們服下。而這些知識、資訊，全都是正確的嗎？現在許多人都是透過 Google 和網路自學投資理財，這種方法雖然便宜、快速，但會面臨的關卡正是如何發覺，甚至處理部分「知識有毒」的強大副作用。

網路改變一切 ————————————————————

網路是這個時代的恩賜，徹底改變了學習的樣貌。高中時，印象
很深刻有位大我六歲的學長教我們玩滑板，他說當年自學滑板實
在很不容易，打聽到南部某一家滑板店有 DVD 可以看，就趕緊
約三五好友從苗栗搭電聯車南下，再找到那家滑板店，跟老闆借
DVD 來看了之後，因為 DVD 是非賣品，無法買回家，只好趕
快看一看，並且直接在滑板店外面練習，他們想趕快用身體記下
來，因為回家就看不到了。

那我們現在呢？可以舒舒服服坐在家中打開電腦，或是隨便拿起
手機上 YouTube，就可以看到全球最厲害的滑板動作，而且想
看幾次豚跳都沒問題。甚至有一次我發現，因為我很喜歡看做菜
的 YouTube 影片，特別是那種從買雞、殺雞拔毛開始到最後上
菜的那種，看久了以後，明明我不大會做菜，但有一回我從市場
買一條魚回來，憑著直覺竟也知道怎麼殺魚、煮魚了，而且吃起
來也有七十分。這真是台下看久了，耳濡目染累積出來的學習效
果。

但這種網路薰陶作用，如果是學到不良示範呢？最極端的，當然

就是恐怖組織在網路上宣傳號召所謂的聖戰士、炸彈客，說是為了真理而戰，而且死後上天堂還有七十二位處女相伴。這類恐怖的洗腦法，卻還是有人前仆後繼地加入其中，顯示人類對資訊的抵抗力未必很高，而且很容易三人成虎。

在網路普及前，人們學習的難題是如何取得資訊，就像我學長得南征才能習得滑板的招數。而網路發達後，我們最大的挑戰，反而變成是如何在海量，甚至是廉價的資訊與知識中，過濾掉龐大雜訊，通過層層關卡，找到有益的知識。

因為就算腦袋清醒，但要透過網路來學習適合自己的投資知識也未必容易，而且還可能是趟危險之旅。例如，輸入關鍵字「巴菲特投資心法」，看似正常不過，但網路瞬間就會跑出數以百萬計的搜尋結果，這是一堆媒體、名人、財經網紅、學習機構，甚至是詐騙集團，共同加工巴菲特的結果。觀念上的解讀我覺得無可厚非，但打著名號賣課程的，你就得想想，為什麼你明明有巴菲特的訪問、股東信和 13F 報告可以看，卻要去聽一個完全不認識的人來解讀？

3F 流言與 13F 報告 ————————————————

就像是吃原型食物一樣,我們應試著去擷取原型知識或資訊,用這些乾淨來源做為自己的判斷基礎。舉例來說,新聞媒體上經常可見巴菲特或索羅斯等人上一季虧損多少,或是暴賺多少等等的報導,媒體也都頭頭是道地分析,到底這些大師哪裡做對或做錯,事後諸葛一番。但若花太多時間看媒體評論開嘴,那就是在浪費生命了,你應該花心力去看這些機構和大師到底做了什麼。

美國證券交易委員會規定,只要管理超過一億美元的投資機構,必須每季公布他們的持股變化等資訊,也就是所謂的 13F 報告。而 13F 報告,或一家上市公司的財報、上市前的公開說明書 S1 ／ S1-A 等,就是原型知識。雖然 13F 報告有一點延遲,因為是上一季度的調整,但我仍認為參考價值卓越。理由是,機構不像散戶往往持股週期數日、數週或了不起一個月,可能一抱就是好幾年,甚至有時會意外的發現,若剛好遇到震盪或修正,你可以買得比這些對沖機構便宜。

與其閱讀媒體斷章取義、譁眾取寵的解讀或批判,我建議不如自己下來看門道,即便一開始會花比較多的時間,但辛苦不會白

費，看久了之後，大家一定會有自己的理解與判斷。或者與其看各類達人解析巴菲特，倒不如花幾百塊買一本出自巴菲特之手的書來閱讀，這正是不吃加工食品的概念。有些人付出高額學費去學習主打股神巴菲特心法的投資課程，卻沒有看過一本他親筆的書，其實是本末倒置了。

網路上流傳一則笑話，說很多人買股票的消息來源經常是「3F」：Family、Friends and Fools，也就是家人、朋友與傻瓜；而對於新創業的公司來說，資金來源也是這三種。我認為與其聽很多小道消息，不如直接去看 13F。當然不是說看 13F 就一定會賺錢，或是聽 3F 就一定賠錢，比方說，如果你的朋友是郭台銘，那就恭喜你，你的 3F 非常值錢。

其實如果細看 13F 報告就會發現即便是這些投資大師，也絕對不是穩賺不賠，而這和市面上許多宣稱速效的課程就有很大的出入，也是閱讀原型資訊的第一個收穫。只是大多原型資訊不易閱讀，而且要投入大量時間，若沒有心理準備或客觀條件，可能持續不久。所以我才建議不一定要做主動投資，選擇市值型、被動ETF 也是很好的選擇。但如果你還是喜歡主動投資，堅持要自

己選股，就必須大量閱讀原型知識，因為那是訓練判讀力的基本功，而閱讀久了，速度自然也會愈來愈快。

大師論大局

另一項選擇資訊、知識的關鍵，則是可以多注意這則知識或資訊是由誰加工的？如果是由大師操刀，那很可能反而是一道「功夫菜」。這就好像文壇前輩白先勇、蔣勳出書導讀或解析經典文學《紅樓夢》、侯文詠寫書剖析《金瓶梅》，或是管理學大師韓第（Charles Handy）以他的角度解讀當代13位管理學大師的《大師論大師》。這類的加工知識往往有一定的含金量，畢竟是大師帶我們領略大師，和內行人一起看門道。

而財經投資領域，我也十分推薦「大師論大局」的文章。如霍華・馬克斯、瑞・達利歐、巴菲特等人，在每個時局變化分享出來的備忘錄、股東信和文章，不僅觀點犀利、視野遼闊，特別是在時局紛亂、股市崩盤時，拜讀這些大師的文章，真會有一種如沐春風、泰山崩於前而色不變的穩重風範，讓浮動的軍心能理性地面對變局。

而從最近的大師備忘錄中，也可以看到一個現象：這些大師都勇於更新、修正自己過去的價值觀。如價值投資派的指標人物霍華·馬克斯，他於 2021 年年初發了萬字文，重新定義所謂的價值投資與成長投資，同時也感謝自己的兒子為了家族買了一些比特幣。而另一位大師瑞·達利歐，也在 2020 年年底就陸續表示，自己「樂於重新」看待比特幣，因為可能有些事他不知道。

當這些大師都與時俱進，我們更可以明白，投資是一輩子的學習，所以務必慎選我們的資訊、知識來源。而永遠堅持同一種論調的人，未必是有真知灼見，很可能是根本沒閱讀新知而已。而要檢視誰是良好的資訊加工者，方法其實也很簡單，就是不斷地回測。當然不會有人永遠百分之百正確，但如果可信度太低，那就真的不如不看，因為看了也只是添亂與雜訊一堆，反而有礙判斷。

當心舌尖上與網路上的騙局 ——————

弔詭的是，不論是劣質的加工知識或加工食品，其成功之處就在於，明明是很糟的產品，卻偏偏讓人想一口接一口，甚至是上

癮。《舌尖上的騙局》一書，談的就是垃圾食物與化學添加物如何主宰當今的飲食世界。作者這樣形容由僅生長 35 天的肉雞與人工香料所做成的炸雞滋味：「我沒有不喜歡這種炸雞，但我每吞下一口，就想要吃更多⋯⋯就像吃多力多滋一樣，唯一的高潮是咬下的第一口。最後把多力多滋或炸雞放到口中並沒有讓我覺得愉快，而是不吃它們，會讓我覺得不舒服。」

劣質的加工知識也是如此。太多媒體擅長以聳動、駭人的標題不斷吸引我們的眼球，讓我們一個一個點進去，但看完之後，卻又從未滿足、從未得到真正的答案，於是疑惑仍在、求知慾仍在，我們只好又繼續點下去，成了點閱率的祭品。

網路時代，免費的往往最貴，因此務必慎選、慎思知識與資訊來源。英文說：「You are what you eat.」「Garbage in garbage out.」，也就是說吃進什麼決定了我們是什麼，身體健康如此，而大腦的判斷力更是如此。

第七章 沒看見的才是重點？

我太太 Liza 一直以來都很想要養狗，但因為我最珍惜的資源之一，就是時間，特別在這個時代，如果不想煮飯有 Foodpanda、不想自己開車有 Uber，但不想自己遛狗就很麻煩，這類 App 還不發達，所以我也就一直婉拒我太太，因我覺得養狗是比養貓更大的責任。我也有一隻在飛行訓練時撿回來的貓，貓是可以放盆貓砂就無痛飼養，貓其實也懶得鳥你；但養狗必須一天出門放風兩、三次，讓牠們排泄和奔跑來榨乾能量，否則牠們就會騷擾你一整天。

但後來 Liza 只要看到狗，即便脖子上明明就有項圈，她也一直問能不能帶回家？我實在很怕 Liza 把別人的狗帶回家，加上她也問了四年了，我一時間思慮不周就答應了。在 2020 年年中，前往宜蘭的流浪動物中途之家，認養了捲毛土狗 Choco。

後來確實如我害怕且預期的，每天必須花不少時間遛狗。有幾回天氣很冷，但我還要花上二十多分鐘等 Choco 願意高抬貴腳尿尿，然後我們一人一狗才能回家，我不禁有點感嘆，當初自己為何沒堅守住不養狗的防線？

但奇妙的是，我原本有乾眼症，後來我發現，怎麼養了狗以後，乾眼症竟漸漸好轉？我才知道，我的乾眼症的主要原因之一，是我長時間壓力過大，雖然我的心理素質早已可以接受壓力過大，甚至喜歡承擔壓力和找事做，也擁抱風險後的期待收益，但生理機能上卻有些我不可控的影響，例如，我的眼睛就是因為長期與壓力共存以及過度使用，變得很容易乾澀。

但養了 Choco 之後，就算我很想多研究些資料，但我還是得帶她去溜溜。換句話說，我的短暫休息時間，在不知不覺中多了許多，於是在無意間我的壓力也跟著減少，最終讓我的眼睛，甚至是其他我所不知道的生理機能，都慢慢恢復了。以往為了投資判斷精準，我總刻意訓練自己凡事冷靜，要泰山崩於前而色不變，但副作用就是，Liza 會抱怨我這個人不容易感動、不太有情緒波動。然而，當我抗拒四年的 Choco 來了以後，我竟有時會抱著愛撒嬌的 Choco 睡覺，整個人又恢復了一點人味。

寫這段真正的目的不是要提倡養狗的好處（不過還是請大家多用領養代替購買）。我要說的是，我原本抗拒養狗，其實是因為在我原先的角度中，沒能看見和想像養狗的好，就只看見了壞。而

不論是人生或投資，重點往往不是我們看見了什麼，而是我們沒看見的是什麼？

認定看準時，更要退一步看

就像由心理學家奈瑟（Ulric Neisser）研究為基礎的注意力錯覺實驗，三位穿白色球衣的球員與兩位穿黑色球衣的球員混雜在一起，然後請受實驗的民眾，計算身穿白球衣的球員彼此傳球幾次？同時間黑球衣的球員也在傳球與穿梭走動，因此受試者必須集中注意力、排除雜訊，才能計算成功。

有趣的是，當實驗進行到一半，會有一位身穿大猩猩裝扮的人緩緩走入，他甚至走到人群中間，做出猩猩招牌的捶胸動作，十分醒目。照理說，這麼醒目，甚至是突兀的大猩猩，應該人人都會看見。但偏偏受試結果，竟有一半的民眾根本不曉得剛剛有什麼大猩猩出現？原因就在於，當他們認真計算有些繁複的運球次數時，他們的注意力全被綁架了，導致連大猩猩這種龐然大物經過，他們也完全沒看見。

在投資上我們最怕的也是太專注或認定某一個現象時，很可能根本看不見投資上的大猩猩。投資決策的背後都是錢，在害怕沒賺到錢或驚慌失措虧了錢的情緒波動下，很多時候真的會讓我們如同鬼遮眼。我們都知道瞎子摸象的故事，在昏頭的狀況下，自己往往成了那瞎子，自己矇眼了自己。

所以當我們看準某一投資標的，正一頭熱感到興奮，只想 all in 時，最好再後退個幾步，直到自己能看見全局；反之，當你驚慌失措，想要 all out 時，也最好回想一下，你當初買進的理由是什麼，你是否只是讓情緒掌握你了？因投資從來不著急於一時，而是中長期有沒有看對，短期的波動隨機性過高，你只要能抓到一條大魚，牠往往就會自己不停長大。

我們回頭看 2019 年 5 月，美國下令封殺華為，禁止採購華為產品，華為是台積電的大客戶，占比超過 10%，所以一夕之間市場和報導看壞台積電的文章盡出，配合台積電股價一路下修達 14%，此外，包含台灣一海票中國營收占比高的公司也一起下探。

當時急著賣出的人當然也有他們的理由，台積電掉了大單股價肯定下滑。但在兵荒馬亂之際，是最容易忽略「大猩猩」的時候。掉單以及華為是當時台積電僅次於蘋果的第二大客戶都是事實，但我們應試著退幾步、冷靜思考一個問題：掉大單之後，會有新的訂單能補上嗎？有個簡單質疑後，就不難找到資訊來佐證。

台積電在當時不太缺客戶，全球潛在客戶都是排隊等著產能，搶著跟台積電下單。所以長期來說，台積電的營收影響有限，就算市場出現恐慌好了，那其實是製造了買點給你。但再換個角度說，一些電子科技廠可能就沒這麼幸運，在那波禁令之後，因為喪失主要客戶而受到重大影響。

看很多與看多元不同

又或是我在寫這段的同時，剛好是 2021 年 3 月 5 日，美股正在經歷一個成長科技股大幅度重挫，熱門標的如特斯拉、Square、Roku，大型權值股如亞馬遜（Amazon）、輝達（Nvidia）、蘋果，以及海量的 SPAC 和 IPO 股都有相當程度的回調。明明去年科技股表現卓越，但一次的修正就讓很多媒體

和投資人開始質疑:「這是不是科技泡沫?」包含去年的投資新
星方舟投資(ARK Investment Management)的凱薩琳‧伍
德,也被許多人拿出來鞭打一頓。你覺得現在和 dot-com 泡沫
像嗎?還是只是市場修正,是個很好的買入機會呢?我們不妨讓
時間證明。我的立場一向明確,我相信科技,也相信人類,就算
一些公司會迭代,但因此就要說科技股不行了,或是懷疑科技是
泡沫,那就只是又一次地忽略大猩猩。

若要培養退一步看事情的能力,就需要問自己平常看得夠不夠
多?但也要特別注意,看「很多」與看「多元」又是兩回事。如
果只是看了很多單一訊息來源,那比較像是在壯膽或是嚇自己,
因為你收到的訊號往往會有相當的一致性。要避免上述的情形,
有個簡單的做法,就是閱讀國內外很多券商和研究機構的報告,
這些都能輕易取得,也是人家花了一堆時間整理的資料。你先挑
出與你投資標的有關的,再從訊息海中試著統整出自己的結論,
衝自己的浪。不是每一份報告都能有收穫,有的難免會有部分錯
誤,有的則是過度悲觀或樂觀。但只要從每份報告中,獲取其優
點、補充新知,就已足夠,因為日積月累,點滴都是大能力的累
積。如果在大量閱讀之後,已能從報告中看出小錯誤,或是立刻

反射出：「我認為有更好的解讀方式」，就是證明你已累積一定
的判斷力。

向前看，預測下一步

懂得防守、退後幾步看之後，接下來更要考驗的是你能不能預見
下一步？因為特別是在股市投資，如果等局勢一清二楚才進場，
雖然風險已經大幅降低，但獲利空間也已稀釋不少，很可能別人
吃肉，你喝湯，甚至只有洗碗的份。你想賺取超額報酬，就得承
受一番寒徹骨。

預判並提早布局的投資不可能百分之百都正確，所以 a) 不重壓、
b) 分批投入進場、c) 看錯認輸，這些風險概念的 abc 都要有。
但實際上怎麼做也看個人功力，因每個人的投資條件都大大不
同，就像每個人養狗的條件也都不同，有的人住鄉下郊區，他養
狗只是多一份狗糧，沒什麼遛狗的問題。

最早在網路時代誕生時，有一票老人唱衰網路的發展，但現在網
路已是日常生活的主要構成之一。手機進入 4G 時代，那時也有

一批人覺得這是電信商的騙局，直到開起了大串流時代，包含 Netflix、YouTube、Spotify 等串流媒體大量受惠於網速提升，改變了大家的生活模式，大家才認真看待。而到了現在，5G 的推出目前還是一堆人看壞，雖然還沒有出現殺手級應用，但是 5G 列車早就發動了。

約在 2018 年到 2019 年，台股的供應鏈早就率先反應 5G 基地台的布建，不管你喜不喜歡，拉貨就是鐵一般的事實，包含像是銅箔基板、PCB、PA、LNA、天線、濾波器，以及相應的被動元件，紛紛因為相較於 4G 單位用量的提升，而有強勁的業績。連帶著第二代半導體如砷化鎵、磷化銦，第三代半導體如氮化鎵、碳化矽的代工廠業績也跟著向前衝。但當時如果你去看看網路討論區，多半會跟你說台股又在炒作了。

而等到蘋果 iPhone 導入了 5G，雖然還是有人覺得 5G 沒什麼用，不過你覺得蘋果公司是笨蛋嗎？漸漸有些人開始動搖了，但這時才進場的，可能就得追得比別人高。當然這不代表行情結束，基建的布局也還沒告一段落，不過你會發現在大家都懷疑或是不相信的時候，才是可以獲得巨大報酬的機會。當然也有可能

5G 最終不會有殺手級應用出現，就這樣進入了 6G、7G。但又何妨？新科技本來就不是每次都會全壘打，只要能逐步推進發展，網通類股就能持續表現。

舉一個生活上的例子，你想追班上一個同學，當時他還不懂得打理自己，低調、木訥且害羞，如果你發現他是潛力股，這就是最好的機會。數年後這位同學意氣風發，你才發現他五官端正、身材高挑、骨骼驚奇，是練武奇才，且不乏追求者，這時你若才要追，就得面對幾十個以上的追求者，難度自然大大提升。

在一個題材還沒完全發酵的時候，往往都是最好賺的，你承受了提早進場、局勢不明的風險，相對的也比較能期待高額的報酬；晚進場的人確定性高了，但業績和展望就會進入秤斤論兩的階段，這時股價一般來說就比較沒有爆發力。

但是這也沒有什麼對與錯，就是每個人操作習慣的不同，有些人喜歡把資金切成二十等分，去買進本夢比高的個股，或許當中有一半以上會陣亡，但只要撈到幾個，就能有很漂亮的績效。而有些人喜歡買進穩健的個股，這些個股的特色是可以用 P/E ratio

本益比來衡量，業績也已經進入高原期，雖然暴利報酬的可能性小很多了，但是領股息或是享受公司的再回購，也是很不錯的規劃。

市場怎麼看才是重點

最後要分享的是，我怎麼看，或是你怎麼看，其實都不重要，因為真正重要的是，市場怎麼看？我不建議自己去設定「目標價」，並堅信市場一定會照著走而毫無彈性。簡單舉個例子，一樣是賺 EPS 25 元，你想說業界同業一般都給個 20 倍本益比，所以股價沒有 500 元你不賣，但往往這就是陷阱。

本益比評價這種事情是可以因為大盤變化，或是整個市場對於這個產業的心態轉變而有很懸殊的差距，有些公司值 50 倍，有些 8 倍，一來一往股價就是 200 元和 1250 元的差距。所以，價格合不合理得交給市場決定，對於公司的美夢，也是要由市場來考驗。你可以有預期，但不要過度催眠自己，還是得睜大雙眼。

我剛入股市的前幾年，曾挑上了一家國內新藥廠。那時我做了很

多功課，覺得這家藥廠的某款新藥和後續的進程規劃實在太棒了。就連專業的《新英格蘭醫學期刊》（*The New England Journal of Medicine; NEJM*）醫學雜誌也提到他們的產品，雖然看不太懂，還是認真看了數次，同時我也請益了國內的醫生朋友，得到的答案都很正面，都很期待這款新藥的上市，為此包含美、加、歐的醫療銷售機制、美國的醫療保險、醫療救助制度，以及臨床實驗和解盲的相關規矩，我都摸得算是清楚，可以說是非常樂觀的看待。

所以，我理所當然地持續買進這家藥廠的股票，等著新藥被 FDA 批審通過，上市之後為我帶進財富。在 FDA 通過之後，股價確實如願的飆升，我也認為自己看對了，就持續加碼，期待上市日的到來。然而，在新藥上市後，股價表現卻差強人意，當時市場開始有些聲音表示這是利多實現了，開始出貨了。但我心想，這不過是短線投機資金獲利了結，這款好藥後續業績可期，應該繼續勇敢抱著。於是上網找了一些海內外討論區取暖，沒錯，當時也有外國的網友在注意這款新藥，他們是買進這款新藥在歐美的經銷代理商來參與。那時討論版上大家都說應該是歐美下大雪，藥廠業務沒辦法出門推廣，業績加速才會差強人意，於

是我又繼續等。幾個月後股價還是不怎麼樣，而網民則開始臆測，應該是醫生跟藥廠業務還在談佣金回扣，還在建立雙方默契之類，所以股價還沒表態。

總之，每次上討論區都能夠信心加持打雞血，但我也開始意會到這很像在自我催眠。後來幾週股價還是持續下探，稍有反彈又繼續摜殺，我就放棄了，斷然清掉部位，但已由本來的大賺變成大賠，我的順勢加碼策略，因為失去紀律愈買愈多，買到暈船，以及沒有緊守出場點，而轉盈為虧。

看不見的往往影響最大

後來我的結論是，新藥是好東西沒問題，但卻因為價格太貴，且是末線藥，成長本來就不會快，所以銷路不好。而這樣的結論又真的是下跌的核心理由嗎？當初末線藥可是利多呢！因為是沒得選擇之後必須選擇，且市場小道消息盡出外，加上同溫層效應，大家紛紛覺得末線病患都在等這款藥，但在下跌時卻搖身一變成了壞消息。但也不重要了，當時的離場現在看起來很值得，股價後來又持續下探腰斬。當然或許未來有一年可能會旱地拔蔥，但

是這幾年來轉換標的的投資也已經把那個損失給弭平了。

這是我學到的寶貴一課。面對投資、市場，我們可以大膽預測，但永遠要保持謙卑，因為往往看不見的可能影響最大。而且，當整個市場用下跌的長期走勢告訴你「不看好」的事實，除非你非常有把握大家都是笨蛋，只有你看到了不為人知的大利多，不然往往就是哪裡出了問題。你仔細去看一下海內外的藍籌股、績優股，幾乎除了股災外，不會有太長線的下跌讓你撿便宜。那些長期一直下跌的，只有在稀少的狀況是被錯殺，大多數就是這樣變成時代的眼淚。

第八章 贏家特質

我看書習慣走馬看花，不會從第一個字讀到最後一個字，喜歡快速翻閱每個章節和段落，先大概抓到每本書到底要告訴我什麼，之後再挑喜歡的部分深入閱讀。這也反應在我的一個奇怪習慣，那就是我非常熱衷上網查劇透，而且對驚喜無感，若一部電影看了劇透之後，覺得是老調重彈，那我根本不會想花時間進電影院看。也因為這個特殊的習慣，我閱讀的書量很好往上拉，我不會想要細細品味，只想快點抓到重點，再從感興趣的部分下手反覆閱讀。

閱讀是非常好的習慣，透過幾百塊的價錢就能得到大師們的價值所在和畢生經驗，可說是投報比極高的事情。大量閱讀之後可以把習得的觀念和價值觀刻進腦袋裡，訓練自己思考和建立判斷的數據，若自己遇到類似的狀況，就能夠映照出更多的選項。雖然作者的家庭背景、所學經歷各有不同，對市場的看法也可能迥異，但若退後幾步觀察，就會發現他們之中有許多類似的人格特質。

大致歸類後，我認為成功的大師們通常有幾個重要美德，那就是「樂觀」、「耐心」、「承擔風險」。這三大優點是我最常看見

他們的共同特質，也是我認為要過得快樂，以及在成長中不迷失、困惑的重要關鍵。

樂觀，但不是傻天真 ————————————

我發覺諸多企業家、投資大師，他們對人生和未來的看法都是正向樂觀。更值得我們往下探看的是，他們並不是初生之犢不畏虎，而是具有明知山有虎，偏向虎山行的膽識。這兩者的差異在於，對於風險程度的理解與否。初生之犢，是沒看過老虎吃人，所以不怕老虎，但若是見識過老虎吃人、市場吃人不吐骨頭，還能鎮定，這就是另外一回事了。

而明知山有虎，卻仍繼續前行的樂觀，才是我真正欣賞的。就如馬斯克力推電動車，這並非是他第一次創業，他是經歷過網路泡沫的人，不太可能天真傻氣地認為，改變世界光靠造夢和熱血就能成功。

在市場不看好的發展初期，馬斯克仍獨排眾議做自認對的事情，包括近年才紅起來的 SpaceX，在 2002 年就已經啟動。馬斯克

曾說：「在創新時首先要相信這件事是有可能的，然後可能性才會發生。」也說過「別浪費時間裝模作樣地高談闊論，而是要回到地球表面，解決工程問題，並實際操作。」樂觀並不是無腦地對自己的信心爆棚，而是具有預見未來的雙眼與堅定前行的雙腳。

樂觀的出發點是建立在充分準備、遠見、熱忱、動機和逐步成長，即便步伐不大也沒關係，重點是持續地前進。也因此，我在閱讀一家公司的財報、年報和電話會議紀錄等財務和業績狀況時，特別看重業績指引（Guidance）和催化劑（Catalyst）。

業績指引就是公司內部人告訴投資人他們未來要發展什麼。一家企業過去做了什麼很重要，但未來要做什麼更是重要。一個人的過往可以由歷史成就定義，但未來則是由動機和能力決定，而且沒有上限。企業推出新服務和產品，很難一開始就取得卓越成效，有時會砸下巨額的研發費用和經歷數年的虧損，但沒有這些支出，就不會有將來的收穫。吃老本注定無法走遠，成熟飽和的市場最終都會面臨削價競爭，而產業的更迭則從來都不會給原地踏步的企業喘息的空間。

催化劑則是落實樂觀展望的加速器。例如，引進新的人才、開發新技術、政策改變帶來利多、新的合作機會等等，這些不同以往的變化，就有可能會催化企業往預期的方向前進，這樣的增速往往也會讓市場更願意給予更高的估值評價。

但樂觀不是坐著等待世界往更好的方向走，而是動手實踐耕耘，讓自身的優勢發揮，往好的方向前進。最好的樂觀者會「觀」見問題和不足，再「樂」以面對挑戰，相信只要頭洗下去、認真做，就能期待好事發生，而即便撞到滿臉是灰，也不會自怨自艾，而是爬起來繼續向前衝。我認為樂觀者才具有顛覆既定認知世界的能力，創新和突破是刻在樂觀者的 DNA 裡。

耐心，要翻倍，但不要翻車

第二個贏家特質是耐心。巴菲特曾說：「人生就像雪球。重要的是要找到溼的雪，和一道長長的山坡。」所有的遠大夢想，都是千里之行始於足下。而巴菲特也開玩笑打趣地說，在滾雪球的過程中，「信用卡會害我們落後很多」。我們可以把信用卡置換成任何會讓人脫離軌道的誘惑和短期刺激，若是過度讓自己曝曬在

過短的刺激反應之下，迷失長遠大道就是必然的悲劇。

分享一個我自己最近發生的例子，在錄製某集 Podcast 前，我覺得自己遇到了中年危機，雖然我明明才 28 歲，但那種茫然和腦袋一片空白，很符合中年危機的特徵。我突然不知道新的一集要講什麼，這是一百多集以來都沒有發生過的事情。坐在電腦和麥克風前想了一下，我才意會到應該是因為前陣子我太常使用 Clubhouse 這款聲音社群 App，那時剛好是這個旋風從矽谷吹來台灣的高峰期。當時我遊走許多聲音房，也很常被房主或管理員認出來點上台發言，大家都很熱情希望我能發表些什麼，而我也從善如流。

雖然都是很隨意的閒聊，但我沒想到花很多時間在這個 App 上，竟然造成我腦力被榨乾，讓我真的需要產出內容時詞窮。仔細一想，雖然是閒聊，但我仍很在意自己發表的意見是否言簡意賅，不拖台錢，以及主持人和其他講者是否有回應我的看法，或是我有沒有又把房間灌爆，讓幾千人聽我說話。這樣的下場卻是忽略了我長期以來沒有想要討好任何人的個性，讓我能夠在節目裡把自己的想法論述好、講得生動，自然地展現我自己。

雖然我吐槽信仰，但奇蹟巧妙地在這時產生，坐在電腦前茫然地滑著 YouTube，剛好看到 Social Capital 的帕利哈皮提亞（Chamath Palihapitiya）的影片。訪問中帕利哈皮提亞提到，我們不該、也不必追求每年投資效益暴力地成長，期待翻倍再翻倍，他覺得 15% 的年複合成長率就很好，慢慢來才好。他舉例說，許多社群平台在初期都繳出了驚人的用戶數量增漲，但後來下滑得也很快。反而像是亞馬遜這樣專注於穩健、長線發展的企業，雖然慢慢爬，但也比較不會曇花一現，而是持續開花綻放。太過追求短期的驚人效益，很容易讓負面影響遠大於收益，因短期的驚人報酬往往難以持久，而為了追求這種速效、欣快，代價可能就是在隨波逐流中迷失自己。

當我們一心追求短線獲利時，就容易忘記投資的本質是買進一家公司未來的現金流，而這不會是一天、兩天的事情。也許短期幸運賺到快錢，但卻離開了滾雪球最重要的長長坡道之路，脫離正軌後再費力地繞回來，最終得花上更多的時間和精力。

耐心這項美德無法橫空出世，因為就如同它的定義：「不急躁、不厭煩」。若習慣將自己的腦袋曝光在一個躁進的環境中，選擇

追求快速的回饋和反應，那很容易就會錯失長期目標，走上一條混沌的路。

行動，並承擔風險 ────────

第三個贏家特質是承擔風險，事實上也就是執行我們上述所說的兩項特質：樂觀與耐性的實踐。

空有想法、但不敢執行，就是少了行動力。原因肯定有很多，其中主因大概就是害怕失敗、不願承擔風險，或是一堆難以名狀的理由，像是「感覺」時機未到。

人生在世，失敗是必然，我們天天都會失敗，小至在馬桶前尿歪，大至周轉金用光倒店。我們一生隨時都會面對失敗，但我認為失敗要趁早，多失敗幾次，會堅韌我們的心性和判斷力。大多數的事情執行起來才會發現和想像中有極大的差別，就好比多數應徵者幾乎都只因為工作光鮮亮麗而投履歷，直到進去才發現自己像社畜，才明白年輕人終究是年輕人。

評估基金投資時，我們會看夏普比率（sharpe ratio）或索提諾比率（sortino ratio），兩者差別在於前者在意衡量整體走勢波動，後者則是聚焦於下檔的波動。我個人偏好後者，用下行時的波動標準差來評估一個基金的表現。你可以用索提諾比率套用在想要買的 ETF 或基金上，愈高者代表承受相同單位下行標準差時帶來的報酬愈好。注意到了嗎？歷史上沒有垂直井噴到底的基金，業界也沒有一路順風的企業，承受風險是必然的，不然這公式要算什麼？

成功方式百百種，適合自己最重要 ————————

網路有個笑話：「你感嘆自己的爸媽當年不具備創業精神，不敢下注人生，否則你也有機會出生在隔壁家的豪宅中。但幾年後你的小孩也會有一樣的感嘆。」不過，其實投資就跟選擇工作一樣，沒什麼標準答案，重點是適合自己與否。

如果我們都明白創業是高風險，並期待高報酬，而考公務員是一生穩定，失業風險低，但報酬難以持續上升，突破天花板，我們就不會，也不該指責創業的人就是貪錢重利，考公務員的人就是

胸無大志，因為價值觀不同，選擇就不同。所以，如果不願意承擔高風險，也不代表就不能得到成功。成功的定義應該是自己給自己的，有的人覺得每日能安安穩穩陪伴家人、守護孩子長大，那就是一種人生成功。選擇投資標的和工具也是這個道理，沒有孰優孰劣，只有適不適合自己。

第九章 繫上質疑力這條安全帶

有當過兵的都知道軍中大小規矩非常多，軍令如山，「菜逼八」就是乖乖聽話。但我的個性就是白目、愛質疑，所以在部隊裡面其實過得不太開心。我又不是故意要當天兵，我單純好奇為什麼東西要從 A 搬到 B，再從 B 搬回 A？為什麼水溝裡不能有水，尿斗裡不能有尿？

其實我只是想知道答案而已，即便答案很爛，我還是會吞下去。不過班長和排長似乎不太喜歡回答，總說：「做就對了，問那麼多幹麼？」

我在屏東大武營受傘兵訓練，夏天超熱，軍中又強制規定必須掛蚊帳睡覺。寢室熱到想哭，又只有兩台電扇要三十個人分，掛起蚊帳，風完全吹不進來。熱到每天晚上我們都出去炸雞排，拿痱子粉灑全身，好比肯德基裹粉，接著去飲水機裝一大瓶冰水，抱著水瓶，祈求入眠前水還沒暖起來。多次詢問無效後，於是我揪鄰兵把蚊帳丟到隔壁寢室樓頂，然後再去找班長裝死：「報告班長，蚊帳被幹走了。」

回到寢室我一整晚笑得淫蕩，覺得自己有夠聰明。但爽沒兩天，

排長半夜巡房看到，直接把我跟鄰兵叫醒，帶去超悶熱的大庫房，拿著手電筒摸黑，海撈一個新的蚊帳回來。

寫這一段，不是要分享新兵日記，也不是要大家反抗軍令，而是想提醒大家，其實「質疑」是一件很必備的學習，但往往人性習慣跟著規矩走，又或者是被灌輸要「合群」，反倒讓我們忘了質疑的必要性。但當然我也學到，在部隊裡面這個法則不適用，合群應該是會過得比較順利。

金融規矩問問不吃虧

我退伍後的第一份正職培訓機師，就非常強調質疑能救命。機師訓練不斷提及 CRM（crew resource management，機組資源管理），過往許多空難其實是來自於單一駕駛的一意孤行，而另一位駕駛雖然已經預期到危險，卻可能因為左座的權威性而選擇閉嘴，導致悲劇發生。這樣的案例層出不窮，因此，現代飛行訓練非常強調溝通、SOP，以及交互檢查，這正是心存質疑、不盲從的實踐。

而把質疑力應用在投資上也很重要，畢竟貨比三家不吃虧，每次下決定前都應該再好好的質疑一番，正所謂「於不疑處有疑，方是進矣」。

許多人至今不知道追蹤同一個指數的 ETF 差別到底在哪，也不了解費用和追蹤效果的重要性。明明是買一樣的東西，有人就傻傻地付出更高額的成本，長年下來影響甚巨。而有些人喜歡槓桿交易，卻不明白只要隨口問一下，券商都可以帶給你利息減半的驚喜。當初我也只是私訊問一下券商客服，說現在利息這麼低，可不可以降一下，幾天後我的利息就從7%直接降到1.5%左右。很多規矩是設給不聞不問的人看的，而隨著手腕變粗，談判的力道也會直線上升。

小時候我滿不喜歡跟我爸去逛街，那時候我爸要買球鞋或買衣服給我時，總習慣跟店員砍價、問折扣，我總覺得尷尬又丟臉。但現在終於懂了，其實很多事情和規矩都是可以談，而且也應該談，店家甚至 SOP 裡面就準備好要給你一個「詢價後的價格」。

追求答案，為投資繫上安全帶 ——————

舉個極端例子，2020 年，Robinhood 交易平台上，一位二十歲的美國年輕散戶操作選擇權交易時，誤以為自己交易失策，負債 73 萬美元（約 2160 萬台幣）。年輕的他覺得自己無力償還，或許不想連累家人，或許恐懼一生已毀，因此選擇了自殺輕生。這位年輕人也留下遺書，血淚控訴著為何券商讓才年僅二十歲、沒有收入的他，就能操作高達 100 萬美元的金融交易槓桿？他本以為，最多只是失去本金，但不知道會落入巨額負債。

這件遺憾之事，反應出好幾個問題。首先，當然是財務教育的不足，再來或許可以檢討券商沒有把關好金融槓桿交易的門檻，竟讓風險性超高的衍生性金融商品，輕而易舉就讓沒有經驗的年輕人操作，這就像是讓嬰兒玩手槍，中彈與否只是時間問題。但後者見仁見智，畢竟當初一定有簽風險預告書，只是大多數人根本沒看，或是想看也看不懂。奉勸大家，期貨與選擇權這類衍生性金融商品，因為很少人會把保證金放好、放滿，屬於高槓桿操作的投資工具，十分不適合新手。

這位年輕人做的是選擇權交易的賣權多頭價差（bull put

spread），也就是在同一到期日以較低的履約價買進賣權，在較高的履約價賣出賣權，是一種看多的策略。到期日會有以下幾種狀況：a) 若股價上漲，則這兩口選擇權都無法履約，他會賺到賣出賣權的權利金，成本為買進賣權的權利金；b) 若股價在兩個履約價之間，則會有控制範圍內的虧損，他賣出的賣權會被執行，他則會獲得對應價值股票；c) 若股價低於最低履約價，則買進的賣權會起到對沖賣出賣權風險的作用，即便股價歸零，也只會賠掉兩口之間的價差。

這位年輕人死得冤，他並沒有賠這麼多錢，帳上的 73 萬美元負值是因為買方要求履約，他那時也持有了價值為 73 萬美元的股票，只要開盤沖銷掉就沒事了。這個策略本身風險可控，也相對保守，但他根本搞不清楚規則，就把自己嚇死了。而且，事實上券商早先因為這樣的負值顯示方式，已經在網路上遭到抨擊數次了，如果他有上網爬文，甚至只是打電話去問券商一下，憾事就不會發生。

而且，若真的發生這種事情，跟銀行債主也永遠都有得債務協商。最糟能怎樣？就算賠到脫褲，《破產法》也會當你的朋友，

看看破產藝術家、前任美國總統川普不也過得好好的。習慣性留
一些空間讓自己的腦袋轉一轉，面對標準答案也要大膽地質疑，
可能就轉出生機。在投資市場上更因騙子太多，所以質疑力就跟
開車上高速公路必綁安全帶一樣重要。例如，我們總會遇見自稱
從未敗陣的神人，或是許久不見的朋友，大力推薦我們買入某種
高報酬商品，宣稱能快速致富，而且風險趨近於零。這種時候只
需要微笑，並伸手指出最近的銀行方向，請他趕快貸款 all in，
讓我們獻上祝福，迎接下一任台灣首富的到來。

牛排怎麼煎才好吃？

談完投資上如何用質疑去防守，我們也可以來談談如何用質疑去
進攻。進入這個主題前，先談一下牛排怎麼煎才好吃？廚神戈
登・拉姆齊（Gordon Ramsay）說拿出冰箱休息一下，調味好
下去煎之後靜置；牛排教父鄧有癸說鹽巴先下，胡椒先後都沒差，
下鍋後不要一直翻動，之後靜置；名廚赫斯頓布魯門索（Heston
Blumenthal）則表示，牛排翻面後離鍋那面溫度降溫很快，所
以必須每 10 到 15 秒翻面，以維持溫度，讓表面酥脆，均衡加熱，
並且不要先放胡椒，因為會焦掉，之後靜置。

即便都是公認的名廚，在煎牛排上也沒有標準答案，三位名廚的牛排市場都火熱買單。有趣的是，如果你多看一些影片，甚至會發現名廚們過去和現在的做法有些許出入，隨著造詣變深，開始改變烹調方式；或是一些傳奇牛排館，像 Peter Luger，直接把三位廚師都強調的靜置過程取消了。

我想原因是口感是很個人、主觀的，你喜歡的牛排可能是某個人認為的牛肉乾。因此，如果哪日你真的吃到三星主廚親自煎的牛排，卻覺得比不上夜市牛排，那也是合情合理。而現在看到的各個煎牛排派系，或許在未來某一天，也會直接都被推翻掉也不一定。

同樣地，諸多投資工具也是如此。不論是主動投資、被動投資，成長投資、價值投資、股票或債券、比特幣或期貨，都有人藉以致富，但也有人輸光身家。所以，重點是不要深信，學會質疑，每一種投資學說可能都不完美，也有許多可以互補之處，未來也會有新的變異產生。

70% 被動投資原型市值型 ETF，30% 主動選股開局，並且把資

金拆成多份慢慢投入，用相對穩健的方式慢慢理解自己的投資能力與喜好，然後再根據自己的「口感、食量」，逐一調整適合自己的配置。

質疑是態度，求證是行動

我在想現代人愈來愈不習慣質疑，會不會跟資訊爆炸有關？就像要去哪玩，有一堆網美會教我們在哪些景點可以美美打卡；至於要吃什麼，也有一海票美食部落客會分享「私房菜」，但現場往往是大排長龍，最好會有私房菜。至於財經趨勢，打開電視節目，也都是海量、海量地倒過來，即便偶爾會有珍珠，但也都被過度的雜訊給淹沒了。

當我們光接收資訊，就爆炸了，根本也就無力、無從質疑，或是慢慢過濾所有的內容。所以要幫助我們質疑的第一步，其實是要控制、慎選資訊的來源。要從海量的網路雜訊裡撈到珍珠容易，還是從一本好書裡，遇見黃金屋容易？

倡導要「在不疑處有疑」的文學大師胡適還送過我們一句話：「大

膽假設，小心求證。」當我們慎選資訊來源時，要更有意識地去做到求證這回事。就像有一回，我在網路論壇上，看見網友膠著論戰著，耳朵經濟、Podcast 的興起與「真無線藍牙耳機」的普及，到底有沒有關係？認為沒關係的人指出，市面上早就有藍牙耳機，雖然比真無線的技術多了點機體線材、占了點空間，但差別不大，因為一樣都是無線的耳機。而認為真無線好用的人，也不斷分享自己被創新科技改變生活的心得。所以乍聽之下，似乎雙方都有道理。

因此，後來我直接買了一副蘋果的 AirPods Pro，一求證之下，當然自己的判斷就出來了，真無線真的很好用，我本來也是半信半疑。最好的釋疑常是親自求證，特別是在資訊廉價的時代，求證更顯價值非凡，往往一個行動就能敲碎一票疑問。

懂得質疑也許不會讓我們成為受歡迎的人，但當高速公路發生嚴重車禍時，我們一定會很慶幸，自己有綁上安全帶，而這條安全帶，就是質疑力。質疑力就是求證，懂得求證的人，就能洞燭先機，立刻行動，避開危機。最後你會發現，我們可能先不用比誰會賺，長久下來一路少賠的人就是種賺。

在投資市場上因騙子太多，
質疑力就跟開車上高速公路必綁安全帶一樣重要。

第十章 「學」不到的東西

本書第二部談的是學習，但投資上有一項智慧，是不論我們怎麼學，都學不到的，那就是下場的經驗。

市面上有好幾款模擬真實股票交易的軟體，讓新手們在進入股市前，能先熟悉投資操作、如何下單買賣等規則，有點像是我們學測或聯考前的模擬考，先讓學子感受一下考場氣氛、熟悉考試規則。而有趣的是，據諸多網友分享，大夥的經驗往往都是，在模擬操盤時春風得意，人人都是新一代的少年股神，然而一旦實際操盤，真實的投資績效卻往往比不上虛擬操作，有時報酬更是雲泥之別。

這就是「紙上談兵」。論起兵法、布陣，年輕將軍可能勝過沙場老將，但一旦上了真實殺戮的血戰場，在兵不厭詐、目睹實際的生命消逝，新一代將軍往往容易自亂陣腳，扛不起貨真價實的戰場詭譎與生死壓力。

或者我們風花雪月一點，「初吻」怎麼學？不論浪漫電影再傳神、同學再八卦，眾人再怎麼形容與言傳，但初吻的個中滋味，不親永遠學不會。你可能親得很醜，像條鯰魚，但體驗仍舊難以忘懷。

我們無法憑空想像,並學會需要承受壓力和情緒的實戰經驗,不過,可以學會用什麼樣的心態讓成本盡量降低,獲得寶貴的經驗值。

信心曲線,起步都是「神」

其實包含我在內,應該許多人初入股市投資之際,都相信自己是鐮刀,別人都是韭菜,「我是來大開殺戒的」。進市場半年,看幾本理財書之後,就會靜靜地說:「嗯,投資其實滿難的。」十年之後又謙虛無比:「年輕人,坐下來,讓我娓娓道來。」在沒那麼聰明時容易輕易且大膽出手,而學到東西後,卻又可能變得畏首畏尾,因為發現了自己當初的輕狂,深怕犯錯。回首自己的過往,我也真不曉得自己哪來這麼多的自信,非常慶幸之前一些大膽的冒進,並沒有讓自己畢業。

根據心理學家的研究,初學者因無知而志得意滿的情形其實十分常見。美國兩位心理學家大衛・鄧寧(David Dunning)、賈斯汀・克魯格(Justin Kruger)的研究指出,初學者的信心水準往往奇高無比,但信心是一把利劍,管你前面什麼東西,就是

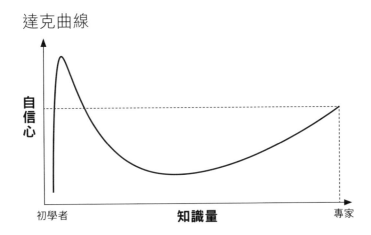

達克曲線

自信心

初學者　　　　知識量　　　　專家

亂揮、亂衝一頓。而產生這樣的結果原因之一，正是因初學者的能力太過有限，根本無從判斷自己的能力，於是發生了認知上的大缺陷：過於樂觀高估自己的能力。但隨著足夠的訓練之後，人們就會驚覺，過去的自己竟是如此無知。於是信心就會大幅下殺，發覺自己是井底之蛙，不過夜郎自大而已。

而這時如果繼續學習，自信則會隨著知識量、經驗逐步累積後，慢慢回升。信心與知識同時上升，這當然是好事，但就我的實戰

經驗與觀察，這其實也隱藏一項風險，不過我們稍後再討論。

根據警政署統計，近年台灣機車車禍死亡事故中，占比人數最高的族群是 65 歲以上的老人，其次是 18 歲到 24 歲的年輕人。剛拿到駕照的年輕人嘗到了自由騎乘的追風樂趣，卻高估了自身對於駕駛技術、路況熟悉度、不同天候的適應力等等，種種輕忽最終導致了悲劇發生。18 歲到 24 歲，不正是剛成為大學新鮮人、人生初成年之際嗎？這是多讓人惋惜的夭折早逝？初學者易有的膨脹、泡沫自信心與血氣方剛，我們真的需要謹慎與相互提醒。

而我們剛進股市時，其危險性就很像剛拿到駕照的新鮮人。事實上，拿到駕照還得要考試，會先確認我們看不看得懂紅綠燈、知不知道道路規則，但進入股市前，卻毫無檢測機制，上路也沒規定要戴安全帽。就像當天買的股票，當天能賣嗎？當天買的股票，何時會交割？這些最基礎的問題，我們根本不確定股市新手是否知道，某程度來說，這是不教而殺謂之虐。

再加上市場上的推波助瀾，非常容易讓一知半解的投資新手，大大輕忽風險。如先前市場上出現許多鼓吹各類權證廣告，宣傳廣

告直接鎖定社會新鮮人，以「後背包變名牌包」、「小綿羊機車變重機」，鼓吹年輕人「以小博大」的投資美夢。接著連串悲劇發生，才發現那些廣告是眼睛業障重，看到的都是假的，只能輕嘆：「不哭、不哭，眼淚是珍珠，睡著了就不痛了，夢裡什麼都有。」

我主張如果股票都做不好，就不要去玩期貨；期貨如果做不好，就別去碰權證。當然可能有人會大聲說，誰誰誰就不懂股票，可是權證玩得跟鬼一樣強。我們切莫把個例當通案，每年多少個退學學生最後成為了祖克伯、比爾‧蓋茲、戴爾和賈伯斯？衍生性金融商品其中的槓桿和風險都是數倍起跳，但業界廣告卻用極為輕浮的方式來膨脹年輕人的自信心，是好是壞，就言盡於此了。

不進市場永遠是紙上談兵，但新手一進市場又太容易出事翻車，我們到底應該怎麼做？

小額投入，腳尖試水溫

我建議無論如何都得進市場、上戰場，不要在旁邊蹲到睡著，因

為投資愈早開始愈好。最初的最初，切記以小額開始。而我指的小額，是會根據每個人的資產、每個人的承受力不同而有所不同。最初投入時，先只投入可動用資金的 5% 到 10%，一百萬就丟五萬，十萬就丟五千，就像你到游泳池，都會先用腳尖試看看水溫。

新手切記不要開槓桿，也就是千萬不要借錢投資，例如，期貨所謂的繳保證金，其實就是我們只繳一部分金額，券商就可以讓我們「開大車」，撬動大部位玩槓桿投資。想到槓桿你會想到獲利倍速，但出事歸西，其實也是倍速。若感興趣，直到明白完整風險、清楚自己正在做什麼之後，再循腳尖試水溫的方法，開始慢慢接觸。

所謂可動用的資金就是閒錢，而閒錢的意思是，這筆錢不會是我們兩年後要用的出國學費，或四年後要支付的買屋頭期款。因為當有結算日期的壓力，會很容易讓我們做錯決定，或是不得不賠錢出場。因為股市長期來看，雖然是持續成長，但哪一年股災會來？永遠沒人知道（如果知道，這真的就發大財了，先讓我打電話問印度神童），但如果是我們最急需用錢的那一年，股市黑天

鵝卻突然飛來，明知之後指數會回彈，但因為你必須結帳出場，於是直接砍在阿呆谷，哭暈公園裡，醒來已是天明。

股癌節目的聽眾年紀稍長，約莫三十歲為大宗，但有時仍會有學生聽眾問我，大學生進場投資好嗎？我是滿認同大學生開始學習財務知識，建立財商，因為這一塊過往學校教育根本沒談到，但在現實生活中卻沒人能避得開。大學生就開始投資的優勢在於，就算賠錢，應該也沒有太多錢可以輸。而且就算投資失利，也會賺回寶貴的經驗值，這對人生長路來說，是正確的做法。不過，自己要有自覺，由於現金流極差，很多人甚至還在拿家裡零用錢，那就更不應該使用槓桿。

不管新鮮人、大學生手中握有資金多或少，永遠切記：腳尖探水溫。所以投資時，也請把資金先投入一小部分就好。如果真的是股神，早晚都會賺，不急著現在就要開加速器。而且沒經過幾次空頭洗禮，只在多頭行情進場，很多時候是猴子都會賺錢。如果試了 5%、10% 的資金，就讓我們發現自己的投資盲點，甚至全都賠光，那其實是很幸運的事。幸運在於你用了一小部分的資金，就體驗到烙賽歸零的風險實踐。

靜靜參與，時間就是朋友 ——————————

當初我開錄股癌 Podcast 完全沒有想到廣告商的贊助，更沒有想到本來只是想分享紀錄，最後會為自己帶來正向回饋。以前自己投資時，雖然花了許多時間研究標的，但人性難免偷懶，我今日看不完沒關係，但電動總是要打，廢片還是要看，Netflix 影集必須要追。後來為了錄製節目、為了避免除了觀念外，丟了太多重複的內容給聽眾，便不得不花更多的時間來了解產業與股市。本來雷達只掃幾個族群，為了增加多元性，索性增加防守圈。於是我的經驗又累積得比過往更廣、更快速，因此最終也帶動投資績效向上攀升，這是我始料未及的。

當初開了一個 Telegram 討論群組，想說可以用文字分享一些內容給大家，最後卻意外的發現，很多時候是我靜靜地看群內的專家們討論分享，也撈到了很多優異的投資機會。整體來說，當花的時間愈多、經驗愈多，判斷力就會變得更好，幸運的是，我的投資績效和波動耐受度也持續進步。

進市場很像我們隨手開電視看球賽，一定先會看雙方比分和節數，之後眼球都在你來我往的戰局上。但如果把電視關上出門，

除非這是什麼冠軍季後賽，或你是鋼鐵球迷，否則我們可能甚至都忘了有這場球賽，當然更無從在意比分戰況。

同理，我們最關心股票與股價時，就是當我們自己持有股票時。花幾萬塊、幾千塊成為零股小股東，關心程度與身無股票時一定會是天壤之別，因為我們不只是在看球賽，更是自己參賽，那當然會關心戰局，因此經驗值的累積成效，也就截然不同。

當心知識與經驗的詛咒

經驗與知識雖好，但我也不得不提，所謂的知識詛咒、經驗詛咒。正如上述的信心曲線，隨著經驗與知識的不斷累積，我們的信心會逐漸回升，但當上升到一定程度時，我認為也容易發生某一種風險。

就我觀察，股市中最容易發生巨額虧損的，是菜到不行的菜雞與很資深的老鳥。這兩種類型的人，雖然知識、經驗含金量完全不同，但大致相同的是，對自己的信心指數都十分高漲。但識途老馬的問題是，當出現一條新的路、新的變化時，老馬會因太有信

心，而拒絕接受新變化，甚至是嘲笑變化。但我們都知道，時代巨輪總是不斷前進，會帶動人類前進，也會輾碎許多企業，甚至是產業，成為時代眼淚。

因此「太」有經驗的人，如曾靠馬車產業致富的人，往往很難想像，也很難接受汽車成為主流，而曾經靠全球錄影帶出租龍頭「百視達」的股票致富的資深股民，往往也料想不到百視達會倒閉，以及 Netflix 怎麼可能崛起？或是投資了傳統車業一世人的操盤人，看到現在的電動車發展，直呼是巨大的泡沫等等。當我們在某個領域太資深、太有學識，往往就會因為過頭的自信心，而產生諸多問題，最終讓我們倚老賣老，看不見變化中的真相。而過往的成功經驗，可能也會讓你在下一次遇到看似相同的情況勇敢出手重壓，想彌補年輕時本金不夠的缺憾。結果這次和上次結果不一樣，破壞紀律的重壓，讓自己攢了一世人的本金，迅速減損。

事實上，車禍的年齡層曲線，正與上述的信心曲線圖，十分相似，都是呈微笑曲線。最容易發生事故的年齡，除了春風少年人這一端外，還分布於年齡光譜的另一端，也就是所謂的「老」駕駛，

從六十、七十歲開始，事故人數明顯也增加很多。

當然我們不能否認，這可能是因為年老力衰，導致事故增加。但有沒有可能，也是因為長輩們常講的：「我走過的橋，比你走過的路還多」這類心態作祟，導致上路時，少了該有的留心，以及原本該有的停看聽？

嚴格來說，知識與經驗都只是上路時的照後鏡。沒有照後鏡，變換車道時容易被撞擊，但如果只看照後鏡開車，這結局也不言可喻。善於利用經驗與知識，才是真正的智慧。半桶水響叮噹，或是「善游者溺，善騎者墮」這些初學者的知識詛咒，都是我們該戒慎恐懼的。

備好投資判斷的糧草後，接下來要邁入本書的第三部，也就是「上陣」。我很明白說得再多，對讀者來說都是紙上談兵，但股市永遠考驗人性的修練。股市是科學與藝術、理性與心性的整體考驗。希望我能再貢獻一點微薄經驗，好陪伴大夥經歷股市的風雨與豐收。

第三部 ————

上陣

面對多變的市場

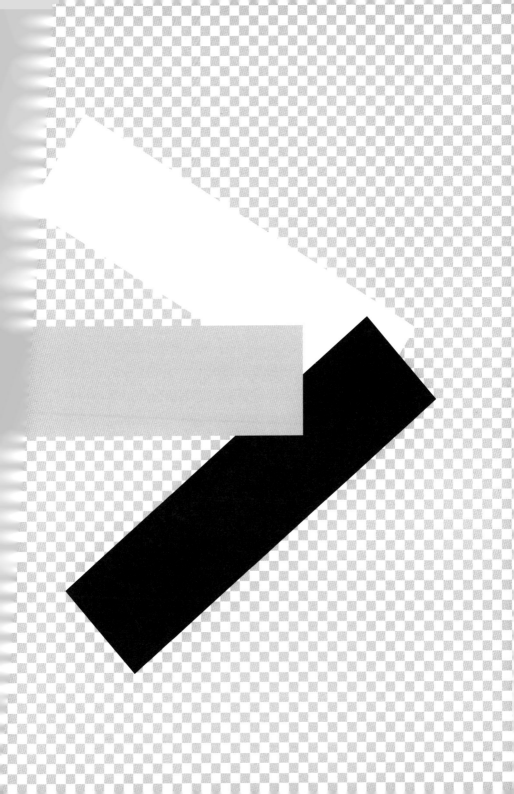

要在股市上勝出，
必須有一顆既科學又藝術、既超級理性，
也能懂真實人性的腦。

水無形無相。倒進杯子，它就是杯；倒進茶壺，它就是茶壺。水能奔流、能緩行、能滴濺，亦能沖擊。活得像水一樣吧，朋友。 —— 李小龍

威名遠播的李小龍相信無人不知，但李小龍究竟師承何人？如果看過電影「一代宗師」，自然知道詠春拳武學大師葉問正是李小龍的師父。不過，答案不只這個，李小龍的師父不只葉問一人。

事實上，李小龍的師父們各個來頭不小。李小龍的父親李海泉，因為家學淵源擅長太極拳，是李小龍的啟蒙師父，而在李小龍遠赴美國前，他還向北派大師邵漢生學過多種拳術。到了美國，他更是大展拳腳地學習，包含與韓裔跆拳道大師李峻九切磋、向美國空手道大師埃德・帕克（Ed Parker）請益、跟美國柔術大師肯尼・拉貝爾（Gene-Lebell）學習，李小龍經典的雙截棍，更是向菲律賓棍王丹尼・伊諾山度（Dan Inosanto）習得的（李小龍之女李香凝提到他父親的雙截棍為自學）。

要成為一代宗師就得有自己的學問，這點李小龍當然沒讓大家失望。當他融會貫通太極、詠春、北家諸拳、跆拳道、空手道、柔術、

雙截棍等各學派後，也回贈給這個世界寶貴的武學資產：截拳道。
李小龍是這麼詮釋截拳道的：「以無法為有法，以無限為有限。」
因「無」才能夠「有」，因不拘門派，才能集其大成。

無派勝有派

第三部中我將分享自己使用的兵法和心法，「兵法」是會根據時空
背景不同而替換，「心法」則是我向來秉持的態度和原則，也就是
「以無法為有法」。事實上，任何一種投資策略、投資兵法，都可
能會有過時、遜於大盤的一日。例如，巴菲特的啟蒙老師、價值投
資派的大師班傑明‧葛拉漢，曾經出版過《智慧型股票投資人》一
書。這本書裡甚至寫明獲利公式，可以把本益比等數據帶入後，輕
鬆選股。但所謂的公式經過時空變化，早已不再是最佳獲利的公
式，這點就連當年的葛拉漢本人也承認。發明 RSI 指標的美國工程
師威爾德（J.W.Wilder）在晚年寫了《亞當理論》，這本書更是直

接推翻了他自己發明的指標，有趣的是，這個指標台灣人至今仍然非常愛用。在量化高頻交易的市場裡，好比諜對諜、吃人不吐骨的殺戮場，一旦一個策略參數被他方抓到，可能就會被利用來操控你的程式，達到出貨給你的目的。一些策略也有胃納量，當超過一定的交易量之後，就趨於無效，也因此量化交易的策略也會持續地調整。

無論看什麼書、學什麼技藝，最有價值的往往是心法。了解葛拉漢如何看待當時財經世界的智慧、學習威爾德如何用數學算出指標、理解量化交易的一些策略為何會有效等等，這才是我們向各種不同派別學習時，最值得帶走的禮物：大師們如何因地制宜。這就像詠春拳強調在窄小的環境中，打出威力強大的「寸拳」。但如果硬要拿詠春拳去殺人，李小龍也說過，其實買把槍比較快。而熟稔格鬥的師父們也常提醒弟子，看到對方拿刀，先跑就對了。

我從不認為自己是哪一個投資門派的信徒，也因此在閱覽各種招式和心法的過程中帶給了我偌大的快樂。我是從台股開始進入市場，自然在一開始我也對於計算籌碼，包含追蹤關鍵分點的買賣、法人進出、融資券、借券賣出，以及大戶對應散戶的比例變化感到高度

興趣。台灣市場的特色在於，我們有許多節奏快的數據，除了上述之外，還有每月公布營收，以及若漲跌幅過大，會被列為交易異常注意股，證交所會要求該公司公布當月自結的數據等等。

在台灣投資股票多了很多參考數據，但也因此多了很多雜訊，產生多樣的門派和技法，而信者恆信、不信者恆不信。但我從入市以來，仍埋頭去探詢各個做法的真諦，舉凡多空雙做、價值分析、技術分析、籌碼分析，甚至是被列注意股關廁所前後可以上下其手的投機原理，和遇到公司發可轉債的博弈辦法等等，全部都下去摸看看。雖然有些方法最後我個人覺得不具參考價值的準度，只是介於有跟沒有之間的隨機，但一路上也看過使用各種工具可以實現穩健持續獲利的人。我思考這可能跟迷信有些關聯，比方說，有些人就是要穿上幸運襪，大隊接力才跑得快，而有些人必須要戴上思考帽、蓋上小被被，才能夠讓自己冷靜下來。或許有些工具就是只適用於符合條件的人，而我也不會停止繼續開發新奇的事物。

因你我來到市場的初衷，不是要成為某投資教義派的忠實信徒。我們最真實，也最對得起自己與家人的投資初衷，就是為了獲利與賺錢。若最後沒有厲害的報酬率，也至少跟著大盤成長，並帶走正確

的投資觀念和心得，因為這會影響我們的人生。

許多人會在熱血衝腦之際告訴你，他不是為了賺錢，而是為了打倒大企業才去放空，為了支持某個理念才去做多，這就是低能。在次級市場的交易只有一個目的：賺錢。若你要對某個企業發動攻擊，你該上網寫文章、向政府機關檢舉、提報民意代表，或直接到企業總部抗議示威。反之，若你想支持某個企業，你該去消費、捐獻，或乾脆直接投履歷成為他們的一份子。你不會去足球場上投籃，也不會去寒冷的溜冰場做瑜伽和皮拉提斯。對湖泊丟石頭發洩，拿棒球棍敲山壁，都是浪費力氣的行為。

分享我自己的策略和經驗之前，也必須談到適合我的策略卻未必適合你。簡單來說，一種米養百樣人，適合你的風生水起，卻很可能讓我水土不服。每個人因為出生背景、現金流和存款高低、工作壓力、家人觀感、所在的時代背景或是人生際遇不同，都會演變出截然不同的想法和策略。財務規劃從來就不是給你一個放諸四海皆準的唯一定律，而是要量身訂做。這個概念雖然簡單易懂、且十分重要，卻非常容易被忽略，因此在第三部中，我會詳加討論。

市場恆變，但人性難變 ─────────

相較於選股策略必隨時代輪動而更迭，但你我身上的人性卻幾乎是數千年不變。就像《致富心態》作者摩根・豪瑟（Morgan Housel）所指出的：「投資並非是一門硬科學，而是一大群人對大幅影響自身福祉的諸多事件僅能掌握的有限資料，因此做出的不完美決定。單是這點就會讓人緊張、貪婪又偏執，即便是聰明人也是如此。」我認為要在股市上勝出，必須有一顆既科學又藝術、既超級理性，也能懂真實人性的腦。因此，在接下來的篇章中我也會分享，我是如何駕馭自己的人性脆弱，以及我所觀察到的市場人性。

無派勝有派，正如李小龍所言：「朋友們，我們要像水。」水倒入杯子，它就是杯，倒入茶壺，就是茶壺，投資若能不斷適應市場變化，永遠順著「潮流」所趨，跟上新變化，就更有機會成為「主流」。

水無形無相，能涓滴，也能沖擊。先懂得「無」，方能擁「有」許多，這其中當然包含人生智慧與豐厚財富。

第十一章 如何銷售車子？

威航剛倒閉時，不同於其他同事繼續在業界，我選擇先出去找工作體驗看看，其間發生了一件記憶深刻的糗事。在伊隆‧馬斯克還遠非世界首富時，我就很欣賞他看見人類未來的世界，而且不斷努力實踐這個夢想，我也因對他的好感去應徵了特斯拉培訓業務的工作。

雖然得到團體面試的機會，卻因為在友人家熬夜打電動，直接把面試時間忘記。當天起床看日期時才驚醒，但因為來不及回家更衣，只好直接趕到面試現場，那身衣服不說還以為是去樓下買茶葉蛋。因此到了現場，我極力躲在所有面試者之後，企圖藏住我驚世駭俗的棉褲、T-shirt 和拖鞋，至今我仍對這個行為感到非常不好意思。

後來，我雖沒有應徵上，卻得到了一份寶貴的收穫，讓我受用至今。當天前來面試的新人們坐了兩、三排，我因穿得太隨便，就躲藏在最後排，那時面試官出了一道滿簡單的考題，他問大家：「你會如何把特斯拉的車子賣給我？」

所有的面試者都覺得撿到很好發揮的題目，心想這不就是在考我

們對特斯拉的了解嗎？於是大夥一一論述車輛的優異性能，像是加速度多快、節能環保、設計新穎，有些還乾脆直接把產品特色和數據全部背出來。但顯然這些答案，面試官都不滿意。主考官聽了幾個人的回答後，便打斷眾人，反問了大家一個問題：「怎麼沒人問我是誰？我家裡有幾個人、有沒有小孩？我有小孩的話，我會在意加速度嗎？你們連『我』是誰都沒弄清楚，怎麼賣車給我？」

這簡單不過的道理，但一干人卻都疏忽了。特別當我們覺得自己學識滿滿，要來分享，甚至自認是要來拯救天下蒼生時，便更容易忽略每個人的狀態、偏好、過往的人生經歷其實都大不相同。而我們怎麼能覺得某一種「好」，會適合所有人？

投資前先認清自己是誰

同理在投資上，就算巴菲特每天買什麼股票，他都即時告訴我們，甚至都直接幫我們買進，這會是個好主意嗎？我想未必。因為巴菲特可以承擔十億、二十億、百億美元的虧損，或三年、五年、十年後才獲利，然而我們能夠嗎？

又或者相對穩定的台灣、美國大盤、市值型 ETF，也許很多人喜歡，過往長年獲利大約 6% 到 12% 左右，但這對本金如果只有五萬、十萬元的年輕人來說，只賺這樣的報酬對他們其實也沒有什麼感覺，你要說服他們聚沙成塔也未必有用。本金較少的人可以多專注充實本業，先努力賺錢再來投資，才能發揮比較大的效益。所以這時該投資的，很可能是如何增加自己的專業能力，因此投資股票的占比可以下修，可能投入小比例的資產，先賺一點股市經驗值就行。

當總資產不同、人生階段不同，投資的目標、選擇、耐風險性等等，都會截然不同。但根據我在節目上回答大家提問的經驗，發覺其實很多人都想要一種「萬用標準答案」，也就是買什麼一定會賺錢的答案。

但很抱歉，真的沒有這種答案，事實上就算有，我們也未必賺得到。大家可能看過電影「大賣空」，裡頭描述幾位財經專家發覺次級房貸的泡沫危機，於是他們與銀行「對賭」，藉由信用違約交換 CDS 來放空當時人人看好的美國房市，於是後來當次貸危機引爆後，這些專家一舉獲利達數十億美元。大概說明一下

CDS 是什麼，簡單說，一般我們只能為擁有產權、所有權的不動產和動產投保，但 CDS 允許你去替你不擁有的東西保險。就像是替別人的房產或是某公司債券買保險，這其實有些道德風險。也就是投保人會希望別人的房子失火、公司債券違約，如果說壞事沒發生，那就得不停地繳出保費，可能會對部位造成巨額損失。

即便是回到當時由電影裡的主角、大空頭麥可·貝瑞（Michael Burry）親自告訴我們次貸要泡沫了，我們就真能跟著賺到錢嗎？因為當麥可·貝瑞拿出真金白銀放空次貸後，他是足足經歷了幾年才等到房市泡沫。期間麥可·貝瑞的帳面虧損相當嚴重，甚至有許多他的投資客戶，紛紛不堪虧損而要求退出，甚至揚言提告、討回損失。時勢造英雄，但也造出了一些亡魂。當時有許多跟他抱持一樣看法的人也是使用 CDS，但因為行動過早，不堪 CDS「繳出保費」的持續虧損而斷頭殺出。他們明明也看對，但時機錯了，或是沒辦法承擔更多的風險了，也只能黯然離場。

我們真的認識自己能承擔風險的能力嗎？又或是其實我們有十足把握，而且假設有上帝視角，我們真的是對的，但因為你沒辦法

拗贏任性、瘋狂的市場，還是被輾壓過去。

用對帳單檢視自己

要認清自己，其實有好幾種方式。如果已經進場投資的話，那請切記定期檢視自己的對帳單，因為裡面的紀錄基本上像是你本人的說明書。

如果有人一直以為，自己是價值投資的忠實信徒，買進時都強調自己是要長期持有，但打開對帳單一看，才赫然發現自己竟是頻繁進出市場，即便心中信仰長期持有，但實際行動卻未必做得到。

也曾有聽眾問過我，他總是賣了某檔股票之後，該檔股票就一飛沖天，那他到底該不該認錯，在高點買回？我認為這個答案也藏在對帳單當中，如果他的過往經驗是，每每挑的股票，長期趨勢都是看對，但短期卻因受不住股價震盪而賣出，那他不只應該買回，更應該修正自己的交易策略，也就是改為多相信自己，並要挺住短期震盪，堅持長期持有才能獲利。

但同樣地，不會有適合每個人的「萬用標準答案」。有的人可能真的就不適合自己主動挑選股票，很容易怎麼買就怎麼賠，那就安分守己，乖乖買市值型 ETF，做被動投資，也是一種很好的選擇。

自己的對帳單，大概一季、半年左右審視一次即可。不必太短期，如幾週就查核，因為那樣的訊息，還不足以反應個人狀態、市場結果，但同理，這只是大方向建議，不會有一個適合每個人的標準時間點。

而如果是新手進入市場，建議要花最小的成本來認識自己在股市中的樣子。也就是說，有些人可能以為自己心性很穩，但其實根本不堪股票虧損，即便只是小賠一、兩萬元，都會難過得睡不著覺，或者覺得自己不貪心，卻一次投入大筆資金重壓，這些都是新手進市場後，才可能認識的真正自己。

股市可以讓你認識自己，此說真是不假。初期進市場，切記再切記，應該只用小資金來認識「自己」。馬基維利（Niccolo Machiavelli）在《君王論》中寫到：「殺父之仇易忘，奪財之

恨難消。」當然這句話同樣不見得適用於每個人，但你我對於錢財的看法，往往只有在經歷損失後，才得以知道自己真正的態度，也才能進一步的修正與調整。

只能賺「現在」能賺的錢

股市裡其實什麼狀況都有，也有的人明明不適合主動選股，但卻頭一、兩次來個「新手好運到」，賺了不少錢。但就我觀察，這往往是悲劇的開始。

因為長期下來，我們在市場是賠是賺，還是取決於我們的真實能力值。太多案例是，短期先靠好運大贏，甚至賺到昏頭，最後決定要融資借錢去投資，但如果選股策略根本大有問題，那長期市場一定會「還公道」，只要在市場夠久，最終肯定是黯然離場，甚至輸到賣房賣地。用運氣贏來的，會用實力輸回去，而在多頭大牛市，類股輪漲的狀況下，人人都會覺得自己是股神。

投資市場像是照妖鏡，也像公道伯。好的、壞的、優點、缺點，其實都隱藏不了，只要時間夠久，結果都會反應在對帳單上。所

以我也認為，投資市場是很適合修身養性的地方。能長期獲益的
投資人，往往就是不斷認清自己，並且願意不斷修正自己的人。

新手買少少，才是真的買進人生 ——————

很多聽眾回饋給我，說我是很少數會勸人「不要買」的投資節目。
我回想一下，我確實常勸大家別亂買，包含去年的元大原油正2
（00672L）、TDR 之亂，或是 2021 年年初有網友喜歡買雞蛋
水餃股，我其實都曾解析其中緣由，也錄製特輯節目，奉勸新手
不要買，除非你是真的知道自己在做什麼，這種情況我自然沒有
理由擋你。

我當然知道，有些超級高手靠著上面這些投資賺錢。但是切記，
有人能賺到高風險、高報酬的金錢，不代表你我也能，但偏偏利
令智昏，還是有不少人根本沒理解自己的實力，就貿然上了梁
山。

市場上正如巴菲特所言：「華爾街是靠不斷交易來賺錢。」意思
正是指證券商、股票經紀人等，都是靠我們股民不斷買進、賣出

股票，他們好抽佣獲利。這也導向幾乎市場上所有的投資聲音，都是勸人趕快買賣抽插股票和衍生性金融商品，趕緊搭上致富列車。

買賣本身沒有錯，但重要的是，除了要了解自己的能耐在哪，更要熟知自己的弱點在哪。

第十二章　沒有夢想的股票，
我不會優先持有

2021 年年初，霍華·馬克斯發表了一篇極具價值的備忘錄：「Something of Value」，直接翻成中文的話，就是「關於價值投資的幾件事」，但如果按照我看完後的心得翻譯，我會翻成：「關於投資派別的『超級大事』」！

過往數十年，在投資陣營中，大致可區分為兩大門派：成長投資與價值投資。誠如霍華·馬克斯在備忘錄中所言：「兩大陣營的競爭和對立，幾乎像是不同政治立場的對立，你得宣示效忠其中一方，之後的投資策略更要依循此模式。雙方都開始相信，自己的堅持才是對的，同時，開始瞧不起另一方。」

若以通用的定義來看，我手上的持股會讓我被貼上成長投資的標籤，有些人會覺得這叫忽視價值，因為我買進的標的多是無法用本益比 P/E ratio 估值的股票，幾乎都沒有 E（earnings，獲利）。這類的股票一般要用 DCF 現金流量折算法或是 P/S ratio 股價營收比，才有辦法與同業或是市場上差不多族群的對象估值比價。

人定勝天 ————————————————————————

我的小學老師曾說，地球上的石油再過多少年就會用完，到時車子、飛機都不能動了。老師這番言論，大概來自當時的報章資訊，而我也記得那堂課之後，很多同學都很擔心如果沒有石油了，車子不能動怎麼辦？特別是，我們長大後怎麼辦？

但我那時就想，應該不會吧？一來科技一直進步，探勘、開採的方式也會愈來愈進步，說不定會找到之前沒能發覺的大油礦？二來，最早的人類不知道用煤炭，而用煤炭時代的人不知道石油，那我們怎麼能確定石油是最後的歸宿？會不會以後的能源主流，是現階段人類根本無法想像的新能源？我不太記得小鬼時期的我是如何想像未來，但大意差不多就是這樣。我深信人類一定會有更新的技術出現，像科幻片裡太空船後面的白光或是 UFO，藉由某種神祕力量飄浮在空中。我這種樂觀天性，可能也使得我自然而然加入「成長投資」陣營。

其實成長投資並沒有確切的定義，但且看霍華・馬克斯如何描述其特性：「成長投資需要投資者相信那未經過驗證的商業模式。新的商業模式很可能會不時遭遇挫折，因此投資者需要有堅定的

信念，否則無法長期持有。」

比方說前面章節提到的 4G 開始布建時，你可以在一些論壇找到宣稱是騙局的說法，而等到殺手級應用串流媒體的誕生，你就再也聽不到這樣的言論。但當然，不是每個科技的發展最後都會有好結果，當初 WiMAX 與 LTE 都是 4G 代名詞，但技術標準不同，WiMAX 使用 IEEE，後面有 Intel 撐腰，而 LTE 使用 3GPP。當時台灣產官學界是站在 WiMAX 這邊，然後就沒有然後了，Intel 跳船。

雖然說有些新科技最終沒有開花結果，只成為一個食之無味、不上不下的過渡期而已，但以投資的角度來說，不該因噎廢食。也就是說，我們要習慣失敗，科技的創新和研發就是伴隨失敗，你若不敢承受失敗就根本成不了大事。這也難怪台灣的教育就是很難養出創新人才，看到 SpaceX 火箭爆掉就開始酸言看待，而馬斯克在訪問裡根本不當一回事，因為爆掉也是累積數據的一種。

而真金白銀進入市場也要注意，在大家都不看好的時候往往是最能賺取超額報酬的機會，這時候股價便宜，下檔損失有限，規劃

部分資金買入，失敗了不起歸零，但看對了就發了。反之，等到媒體開始讚嘆是「元年」、報章雜誌紛紛密切報導時，股價早已墊高，你承擔了較少的風險，就得花更貴的價格買進。有些人則堅持要看到公司獲利賺錢才要買，等到這些新科技經歷過撞牆期、磨合期，進到成熟期時，風險已經非常低，但相對的投資報酬往往也趨於平淡、難以上升，甚至開始要面臨技術成熟的毛利、供應鏈管理競爭等等。

人類的進步過程屢屢都是這樣，創新者容易背負罵名。從十七世紀，羅馬教廷公審堅信「地動說」學者，只因伽利略等人違反教廷教義，膽敢說地球不是宇宙中心、力倡地球是繞著太陽轉，於是那些學者直接被火刑公開燒死或終生監禁，一直到今日，甚至未來，只要有人提出嶄新的顛覆性想法，幾乎一定會先被公審、獵巫。

但人類也反覆印證被「專家」判定為不可能的事物最後卻都成真。我想原因真的很簡單，因為人腦是來解決問題的，所以即便此刻的技術未必能達到，但總有一日還是能突破，人定勝天不是嗎？

改變世界是門好生意

事實上，新科技與成長股其價值與風險，就在霍華‧馬克斯所說的：「未經驗證的商業模式」這幾個字之中。

因為即便我們很有把握人定勝天，但我們終究無法確切知道的是，哪一家企業在什麼時候，完成該項人類創舉，並且帶來驚人獲益？於是，這也成了成長股與價值股之間極大的論戰點。成長股要買的就是「未經驗證的商業模式」，因為著眼點在於未來的巨大獲利，但偏偏死忠派的價值投資信徒，在「未經過驗證前」，是根本不會進場投資。

因價值投資的核心在於找尋有價值、但一時間被市場低估的股票，好進行投資與套利。但當商業模式未經過認證，該企業價值如何估計？又如何知道其股價算是便宜、被低估了？因為成長股確實有一定的高風險，如果正在研發的技術，卻整個被更新的科技所取代時，則價值全數一夕歸零。

因此，尚未獲利的新科技股票，是根本不會成為價值投資人的口

袋名單。在篩選的第一輪早就出局了。本來青菜蘿蔔各有喜好，各自為政，相安無事也好。但誠如霍華・馬克斯所言：「最近我常被問及，『價值投資』的前景。因為在過去十三年，成長股的表現是明顯超過了價值股。」也就是說，時間是最重要的資產，但在過去不算短的十三個年頭中，成長派績效其實大獲全勝。

如同前面提到的，「我」怎麼想真的不重要，最重要的是，市場怎麼想？當市場願意讓尚未獲利、先前年年虧損的亞馬遜成為全球市值前幾大企業，也就是股價已漲了好幾百倍，那這就是市場的結論：當今的投資主流看中的是未來的利潤，以及這些企業顛覆並改變未來世界的能力。

如何挑選夢想成真的企業？

那投資界的「聖杯」，就是全買成長股、全數賣出價值股嗎？我想霍華・馬克斯的結論其實相當中肯。他說：「我們身處的投資環境太過瞬息萬變，所以如果太糾結於『成長』或『價值』，是無法幫助我們在投資中獲利……想要成功，只靠鐵鎚並不夠，我們需要的是一整個工具箱。」

也就是說，不管哪一派，該如何找尋到在未來長期仍持續上漲的股票，這才是投資人真正該關心的。事實上許多人根本不願意改變自己慣用的投資策略，更別說是採用與其「對立」的投資策略，但如果連投資大師都開始改變，那我們還有什麼好執著拘泥的？

何況最難的還在後頭，霍華‧馬克斯提醒我們，要挑中好股票的難度，顯然愈來愈高。因為股市資本對於成長股在「燒錢」（lose money）的容忍度愈來愈高，這會讓我們更難分辨，到底誰是輸家、誰是贏家？甚至，在泡沫來臨時，霍華‧馬克斯也預料，就連優秀的企業也將面臨巨大的跌幅修正，以致於我們也無法區分出哪些是真正優秀的企業。

故而霍華‧馬克斯也提醒我們，以下幾點雖然還沒有能輕鬆衡量的刻度和數字指標，卻是如何評量企業價值的新關鍵。這些尚無法「正確估值」的「無形資產」包括：卓越技術、競爭優勢、潛在的獲利能力，以及人力資本價值等等。簡單來說，機器、設備、廠房、土地的價值很好計算，但新技術或者賈伯斯和傑克‧多西（Jack Dorsey）的腦袋，就難以估值。但偏偏在今日，好計算的設備、廠房價值，這人人皆知，導致一點也不希罕，在選股上

起不了大作用，所以反倒愈是算不出來的，才可能是決勝關鍵。

正因為不會有一個標準答案，新科技企業更可能一夕間風雲變色，所以我很建議買成長股的策略勢必得分散投資。例如，看準某一家企業一定會 100% 勝出，跟我們投資十家企業，但只要一、兩家真的出頭天，真的能改變世界，那當然是後者的可能性與勝率要高出許多。特別成長股的特性是，只要買得夠早、持有的夠久，往往能獲得超額報酬，也就是數以倍計的績效。所以假設我們手上有 1000 元，分別投資 10 家企業，每家 100 元，那只要有某一家獲利達 300%，也就是獲利 300 元，就能承擔其他九筆投資都虧損達 30% 的失利。而別忘了，如果買到亞馬遜這類股票，又持有夠久，那更是數百倍的驚人成長。

我在有了孩子之後的規劃，是定期買入市值型 ETF 做為防守部位，並以權值股做為配置主軸，大約兩成的資金把自己當做 VC 創投在操盤，投入任何我覺得「有意思」的企業。所以若仿照巴菲特的名言：「不願持有十年的股票，最好連十分鐘都不要持有。」我的投資策略則是：「不能改變世界的股票，我不會優先持有。」而當然，我也不會只持有一檔股票。

霍華‧馬克斯總結，在今日高度競爭的投資領域，我們應該用開放的心態來深入挖掘、理解新事物。因為今日的投資，比的不再是訊息戰，決勝關鍵很可能在於，誰能對未來事件有著卓越的判斷力。

我想願意去看見明日、相信未來會有所不同的人，他們早就出發追夢了，不會站在原地「該該叫」，告訴大家這個不可能、那個是騙局。騙局和失敗是必然，就像車子會出車禍、飛機會空難、線上遊戲會被盜，但你就完全不用了嗎？

第十三章 尊重瘋狗浪

還記得「那些年，我們一起搶的衛生紙」嗎？2018 年 2 月，因知名大賣場業者為刺激業績，竟製造、散播假訊息給媒體，宣稱「衛生紙確定漲價，而且漲幅達 30%！」於是引來國人瘋狂搶買，搶到各大賣場架上根本就沒有衛生紙，連網購平台也是大缺貨。

已成全民運動的「安屎之亂」還真沒人能攔得住。即便當時行政院已出來不斷喊話，也宣示 3 月中前保證不會漲價，懇請國人不要再囤貨，但根據消基會的資料，這波瘋搶衛生紙的詭異現象，還是延燒了十餘日，甚至還上了歐美、日本的國際趣聞版面。

但其實在當時除了政府喊話之外，也有很多社會賢達紛紛撰文表態建議民眾別再搶購。但沒用就是沒用，在那幾日不少國人就像是集體失智，狂掃狂買衛生紙。這不是人類第一次集體失智，當然也不會是最後一次。我把這種集體行為稱為「瘋狗浪」，想探討當瘋狗浪重重打在投資圈時，我們應當如何應對？

從日常生活中來舉例大家可能更好理解。想像一下，此刻如果又回到衛生紙之亂，我們身在大賣場裡，周遭的民眾正瘋狂地把貨

架上所剩不多的衛生紙扛上自己的購物車，而我們這時若以大智慧與佛心來勸阻他們，會收到什麼樣的效果？

行政院的宣示民眾都置之不理了，怎會有人肯聽我們曉以大義呢？我想最合理的下場，應該是搶購的民眾，反而會把我們當成瘋狗在吠，理都不理我們，因為還是先搶衛生紙比較實在。

面對瘋狗浪，該衝浪嗎？ ——————————

事實上，股市投資裡的瘋狗浪，也未曾少過。就像 2021 年的美國 GME 之亂，股價可以從約二十美元左右，在不到兩週的時間狂飆二十多倍，最高甚至來到四百八十三美元，然後再重重摔落。

而台灣的瘋狗浪潮，肯定也沒有輸人。光在 2020 年，包含元大石油正 2 之亂、TDR 之亂、大同改選之亂，搶股票爭經營權等層出不窮，而每逢亂象，也必定引來一堆瘋搶的股民。

我不是批評趁亂而起的股民，事實上我相信一定有很厲害的高

手，能從亂象中獲利。這種可能就是超級高手，而能在瘋狗浪中乘浪而起、開心衝浪，這應該是心臟和本金，還有投資經驗值，都相當雄厚，否則要在瘋狗浪中衝浪，並抱回一桶金，直白地說這對一般人就是豪賭一場。

但我也更想建議，即便我們清楚認知，這就是一時的瘋狗浪，但也千萬別去跟勢頭對做。例如，明知 GME 的股價，或任何一家企業股票，是被浪潮掀起，十分明顯不合理，但我們就該去放空這檔股票嗎？

這就很像一家電影院失火了，驚慌失措的民眾全衝往出口要逃生，然後我們卻斬釘截鐵地跟大家說：「請冷靜點，先不要慌，三十秒後灑水系統就會啟動！」民眾會停下逃生的腳步嗎？即便三十秒後真的灑水，但我們一定會先被暴動逃命的人潮踩踏成重傷。

同理，即便認為 GME 的股價終歸會下落，就去放空該檔股票的話，下場也可能先被眾人給抬出場。因為放空也要成本，當股價不斷狂漲，就是我們不斷在虧本慘賠，如 GME 狂漲二十多倍，

也就是假如我們很有「遠見」，投入十萬元放空，那就有可能被軋空賠到一百多萬元，甚至兩百多萬元。

而且就算我們心性堅定，堅持放空，但只要資本不夠、付不起保證金，券商一樣把我們斷頭賣出。而且，事實上我們真的無從得知瘋狗浪何時消退？所以執意放空，說實話真的也無異於是上賭場，我只能祝福大家賭運亨通，而無法祝福投資順利。

而且就我觀察，會跟瘋狗浪認真拚命的，往往不是菜到不行的新手，就是投資老手，也就是信心極限的兩端。後者因為「看」太多了，會覺得機會難得，必須加入。在 GME 事件中許多後來被軋空的空方，應該都是相對專業的股民。在那之前，也有操作 WTI 西德州原油期貨的交易人在去年慘賠，網上哀鴻遍野。

獨立思考不代表貿然行事

2020 年四月因疫情的關係，WTI 期貨價格曾重重崩跌，竟剩下不到一美元，是以零點多來計算。於是這時不少投資人看到的是機會來了，心想總不可能比零元還低吧！？於是，在 WTI 重挫

的瘋狗浪中，大膽入市。後來期貨 WTI 真的跌到負數。於是在論壇上出現了這篇文章：「小弟晚上撿了 0.025 美元 5 月 WTI 原油期貨 10 口，不料跌到負數，結算價是 -37.63 美元，目前已結算了，全數本金賠掉還不夠，有大大知道後續該怎麼處理嗎？」

他怎麼處理我不知道，但可以知道的是，若按照上述的描述，這項投資應該慘賠數百萬，而一切變化只發生在兩小時之內。期貨變負值是個有聽過、但沒看過的傳說，不同於股票了不起就歸零破產，期貨是未來交易的契約。在極端的狀況下，比方說，像疫情導致儲油空間全滿，賣方願意「付錢」給你讓你把油給運走，但真的發生時，還是令包含我在內的投資者讚嘆不已。市場上操作原油期貨的玩家很多，許多是油商做避險，他們或許有能力可以走到實物交割，但炒家們可不是，必須要平倉掉，承受價差的虧損。這件事情也有部分瑕疵，比方說，券商當時沒有為了負值交易而設計，導致很多人當機關廁所；再來是期貨是保證金交易，理論上保證金不夠了就要自動幫你停損，但是這設計也失靈，要釐清這之中的責任並不單純。

在這要提醒大家的是，如果看到瘋狗浪，想要乘浪而起，當個亂
世梟雄，那最好能再詳加查驗，看看自己是不是忽略了什麼事，
並且相信莫非定律，「Anything that can go wrong will go
wrong.」，也就是任何可能會出錯的事情，都會出錯。

身在市場最怕的就是，輕易就有「眾人皆醉我獨醒」的自負。當
然我們要有獨立思考的能力，但這不代表要貿然行事。有和市場
不同的結論當然很好，因為這就是找尋被低估價值必備的條件，
但千萬別忘了，使用不當也是一把雙面刃。

菜雞先觀浪，收穫更超值

所以我給股市菜雞的建議是，當瘋狗浪來襲之際，除非十分清楚
自己在做什麼，否則別去衝浪，也別去跟浪頭對做。

事實上，好好的觀浪往往都能有所收穫。就以上述 WTI 期貨變
成負數為例，這其實是原油期貨史上第一次出現負數，也震驚了
投資界，而菜雞若能在投資上，先置身事外，不涉入金錢投資，
就能平心靜氣，認真觀察這一局的來龍去脈，甚至在弄清一切緣

由後，練習判斷這件大事對將來的投資界會造成什麼影響，那就不枉這一次的觀浪之旅了。GME 事件雖然也很瘋狂，但目睹極高的選擇權權利金變化，以及造市商、空方機構被軋到血本無歸，多方散戶之間，幾家歡樂幾家愁的心情變化，也都是珍貴的經驗。這也是當別人用血汗寫日記，我們吃瓜看戲寫筆記。

也有人問過我，如何能勸醒一心執意要往瘋狗浪衝的人？我自己的經驗是，有些人怎麼勸都不會醒，這大概就是瘋狗浪的厲害之處。而我也不願意去當勸人的那位，萬一對方就是萬中選一的神人，那我不就阻礙了神的產生？再來就算你知道這個人心性不定，注定賠錢，但因為他想買進的時候確實是相對低價，他可能也會因為這樣對你產生怨懟。即便你深知他如果真的進場，不會甘於有賺就好，一定會愈下愈大，最後脫褲離場。

戰勝投資瘋狗浪，關鍵在於先前的財商教育是否累積足夠？心中是否有卓越的判斷和規劃，以及最重要的：運氣好壞。否則等洪水氾濫，這才倉皇築堤，可能真的晚了，只能隨緣看造化了。但是，至少我們可以謹記一條守財原則：財經瘋狗浪敬而遠之。除非你真的知道自己在做什麼，那我祝福你。

第十四章 當大師遇到大跌

電影大師吳宇森，很喜歡呈現一種暴力美學。他會讓男主角，如周潤發，明明是在跟黑幫進行激烈槍戰，卻不得不手抱一個小嬰兒，然後不是輕唱搖籃曲，就是讓幼兒戴起安眠耳機，當耳機裡傳來一片安詳天籟，觀眾的耳朵也沉浸其中時，眼睛卻看到最為衝突的黑白駁火與血腥死亡。

這種對比，除了在吳宇森的電影中看得見，在股市大崩盤、大逃殺之際，其實也經常可見。股市崩跌，股民往往一片哀鴻遍野，但在這時也總有幾位投資大師，會佛心發出他們的投資備忘錄，而往往認真讀完之後會讓人感覺如沐春風，似乎股市崩盤，也不過就一盤小蛋糕的事。

我且以最近一回的股市大崩盤，也就是2020年春天的新冠疫情，對全球股市造成的危機為例。在美國股市有所謂的熔斷機制，也就是只要當日的標普500指數下殺達7%，股市就會暫停交易，以免過多恐慌情緒傷害市場。

在2020年之前，美股只有一次的熔斷紀錄，而且是早在1997年，距今二十幾年。但就在2020年3月，美股竟一共發生四次

熔斷，災情慘重，不僅人心惶惶，經歷過的人應該都餘悸猶存，彷彿電影驚悚片的情節。

在市場中，答案從來不只一種 ————————————

然而，幾位投資大師在當時仍進退有據、穩穩行事，並不吝分享看法。如橡樹資本的創辦人霍華‧馬克斯在熔斷後就表示，他無法判斷這是否就是股市最低點，但股價已經夠便宜了，是可以買一些，但也要留一些資金再進場，假設明天更便宜，你會慶幸你還有錢可以買。

三位大師那陣子之後的動作分別是：瑞‧達利歐買進中國股市，霍華‧馬克斯敲進美股，而巴菲特清倉了航空股，並且握著大量現金等著當救星，像 2008 年金融海嘯時那樣，出手奧援需要紓困的企業，換到很棒的特別股條件。

大師們回應市場的方式讓我們學到的是，原來答案從來不只一種。美國、中國股市災情後反彈都不錯，其中美股的表現更是逆轉奇蹟，強勢攻擊新高價。巴菲特雖然被聯準會和美國政府搶生

意，沒辦法放款賺大錢比較可惜，賣出航空股也被一些人笑稱：
「砍在阿呆谷」。但我個人認為這些人的做法就是在反應他們的
個性以及貫徹想法，沒有對錯。

幾位大師的策略兵法看似不同，但相同的是他們都沒有大舉賣出
股票。為什麼大師能夠這麼沉得住氣，而多數股民都無法執行巴
菲特所說的「當別人恐懼時，我們貪婪」，甚至是在市場崩盤時，
恐懼虧損而殺低賣出？

看清大跌的根本 ────────

原因當然很多，先來談談在新冠疫情時，大師們仍持有，甚至買
進股票的原因。

回顧幾位大師當時的言論，可以發覺他們都很清楚這場危機的本
質。他們都曾一針見血指出，這不是某企業或銀行所引爆的炸
彈，也不是經濟發展陷入衰退期，而比較像是一個短期危機，「只
要」疫苗能如期開發出來，就不會是一個長期問題。

清楚危機的本質，正是大師們敢危機入市的最大本錢。他們的虧損數字，在當時一定是超級天文數字，遠超乎你我所能承擔，但對大師們來說，那就是股市的一環，股市的正常現象。所以，大師們不僅看淡帳面數字的慘況，也遠見到之後回穩的局面。也就是說，他們不拘泥於現在的危機，看重的是未來的豐收。

若我們再細看大師們不會買什麼股票，就能更全面了解他們的心法。2008 年的金融海嘯，美國股市雖沒有熔斷，但股價從一萬三千點崩跌到七千多點，而且是持續一年多的下殺折磨，而在該年年底，巴菲特發表了一篇文章——「Buy American. I AM.」，文中強調他會持續買什麼，以及不買什麼。

巴菲特是這樣寫的：「當別人恐懼時，要貪婪。現在恐慌已蔓延，包含投資界老手也被恐懼所籠罩。當然，投資人對於高度槓桿或競爭力薄弱的公司，確實該感到恐懼。但對於諸多體質良好的企業，若恐懼則是荒唐的。」

大師們在面臨股市崩盤時，往往是見樹又見林。他們會先分析危機的真實樣貌、影響程度，好把慌亂的危機清楚釐清。然後當決

定要趁便宜入手股票時，也不會因為股市大特價或是太便宜就亂買，他們會避開跟危機最為相關的產業，並且買入被危機錯殺的優質企業股票。

所以每一次的股市崩盤，對大師來說，都是財富的跳板。當然不變的前提是，要持有得夠久，夠有耐心，並樂觀以對。

散戶抱不住？

回過頭來，明明這麼「簡單」的策略：別人恐懼時，我們貪婪，為何散戶經常做不到？很容易在股市下修時，因恐懼賣股？我想大概有以下幾個緣由。

第一個很可能是股票買太多，或者說還不夠認識自己的承受力。花多少錢買股算是買太多？這完全因人而異，像我就是不喜歡持有現金，所以把錢幾乎都投入股市，但這是我自己的天性，與從市場中得到的經驗支撐我做這樣的投資動作，絕不代表每個人都適合。

股市菜雞在沒遭遇過大崩盤洗禮，甚至連小幅下修都沒遇過前，往往不知道自己的承擔極限。人性其實是這樣的，當我們的虛擬交易，或是聽別人股票虧了 30%、40%，我們很可能一點感覺都沒有，完全不痛不癢，一旦是自己，虧損 10%、20%，很可能就已經徹夜難眠，感覺天崩地裂，並呼吸急促、頭暈目眩，逼得我們不得不賣股，求一個解脫。但偏偏一賣出，經常就是股市反彈點。這就是菜雞悲歌，所以我們一定要訓練自己，養成不同的思維。

雖然心理的承受極限，因人而異，也往往得遇過才知道，但有一個還算通則的建議是，不論多少投資部位、會承擔多少風險，重點是自己要能睡得著、睡得好。如果能安穩睡好覺，這大概就是你能承擔的心理範圍。Buy and sleep，買進並睡覺就是我主張的衡量辦法。如果你睡不著，就是做錯了。

當股市正在進行修正時，建議別再採用槓桿操作，不管是攤平、加碼都一樣。如果已經槓桿下去，有借錢投資的人，也建議你立刻去槓桿。因為股市的崩跌時間、崩跌程度，就算幾位大師也坦承他們無法預料，而槓桿本就有風險，太平盛世使用無傷大雅，

如果在危機中入市或是波動中使用，這就有點像是拍電影了，成功當然就是英雄、主角，但往往沒被拍成電影的、被危機抬出場的人，比你想像的多很多。

老樣子，我當然知道，每種方法都有人賺錢，只是這種方式，真心不建議股市菜雞，因為若把人生想像成一個無限賽局，這樣的做法是讓你的人生變成一局定勝負，而且是勝率很低、很低的那種。

講完散戶抱不住股票的心理因素後，接著要講理性面。理性面簡單來說就是，我們其實根本不知道自己買的是怎麼樣的股票。我們最抱不住的股票，常是根本沒做功課就買，是光聽誰誰誰賺了很多就跟單買的股票。這種買法，多頭或持平也就算了，但一遇到重挫，根本不知道該不該留，無從判斷，最後也就容易認賠殺出。

不做功課的投資，太容易六神無主，所以真的不想做功課的人，就請買定期定額，買入市值型 ETF。而定期定額買市值型 ETF 的人，也千萬記得當股市崩盤時，請持續進場買。就當這時是週

年慶特價買入，你總不會平常一直有買，但打折時特別不買吧？
如果真的因為崩盤而停損，那這就不是買市值型 ETF 的初衷，
也必然會影響績效。

第三種抱不住，是買了太多較高風險、高波動的股票。每逢股災
來臨，大型權值股其實相對安全，而重傷的往往都是先前狂漲、
估值膨脹的小個股。所以，要是買太多這類風險波動性質高的股
票，在股災時也無法睡得安穩。

買高風險股票不是不可行，這是配置的問題。我們要清楚的是自
己是否能承受高風險、高報酬？還是根本忘了高報酬往往伴隨高
風險？

崩盤是面照妖鏡

總結來說，每回的股市崩跌，其實也像是一面照妖鏡，會逼得我
們重新檢視自己的投資策略是否哪裡出問題，以及是否知道自己
的承受力？是否買太多高風險個股？太想拚短期報酬，而忘了風
險控管？買股票是否有研究基本面，還是隨便聽聽就隨便買買？

甚至挑股的耐心還不如研究買哪一款電腦和手搖杯？

疾風知勁草，大師們也絕不是第一次遇見大風大浪，就能老神在在的當成財富跳板。大師們也都是不斷從錯誤中修正，努力讓自己更進步。

2001 年的網路泡沫、2008 年的金融海嘯、2011 年的歐豬債務問題、2015 年的人民幣危機、2018 年的中美貿易戰、2020 年的新冠疫情，每一次的回調事件都說明了下一回的股市崩盤，其實只是時間早晚的問題。但崩盤原因、襲擊規模、影響範圍、歷時多久，全都無人能知曉。

我很推薦大家去看彼得‧林區的演說，他在多場演講裡都有聊到1987 年時，他覺得市場很健康，於是就去打高爾夫球度假。但出遊的第一天，股市就遇到起跌，等他飛到愛爾蘭後，股市持續慘跌，直到週五晚上他跟老婆說，如果週一繼續下跌，我們可能就得回家。

週一時股市果然慘崩，他管理的基金從 120 億美元縮水到 80 億

美元，他在演講裡不改幽默地表示，照這速度週末他就沒有基金可以管理了。但他也知道根本不能做什麼，當天還是先繼續打高爾夫球，但想想投資人如果打去公司，得知操盤者在打高爾夫球，應該會不太高興，這些人不會管你可不可以做什麼，所以還是乖乖回去了。彼得‧林區有很多有趣的分享，但他的核心觀念就是：永遠不要被市場嚇跑。

我們不知道什麼時候還會崩盤，但我們可以訓練自己找到適合自己的投資配置，確保自己永遠會留在場上，並且學習這些大師面對大跌時，他們如何穩如泰山？

擁有這座山，才是真正的財富。

第十五章　正妹、紅酒與股票

還記得高中和國中念書時，班上的帥哥或正妹嗎？你猜大學以及出社會之後，他們會愈來愈難追，還是愈來愈好追？

高中的時候，我們的競爭者大概就是同一個班上，或者同一個年級的學生，而且這時大家忙著學測考試，加上班上的帥哥、正妹也還不太會打扮自己，所以競爭者較少，顏值也還未到達高峰，甚至根本不清楚自己的顏值有多少，因此追求的困難度，相對較低，也容易換來純純的愛。

到了大學，因為交友圈擴張，以及開始會騎摩托車出遊等等，競爭者跟著變多，加上這些潛力股也開始有時間打扮，把炸出來的鼻毛修掉、注意膚況和氣味，開始有好看的髮型以及厲害的穿著，於是會吸引更多追求者的目光。這時要追求他們，一台摩托車可能是最低門檻，獻股勤也只是基本動作。

出社會後對手暴增，甚至還有經濟實力遠勝我們的資本家，而這時潛力股已經轉為成長股，品味、形象經營，甚至自拍技巧等估值條件都來到高峰，所以一定追求者眾，而且這時的追求者可能都是開著超跑溫馨接送。所以，如果這時你還只有一台摩托車，

這些已有諸多選擇、見過世面的帥哥正妹，就真的不好追了。

當然真愛還是無價啦，豪門婚變更是時有所聞。之所以舉以上這個例子，只是因為買股票跟追求班上的潛力股，有其相似之處。

最貴的股票，最正的女神

很多人常常在想應該要買台積電、蘋果、亞馬遜等大型權值股，畢竟相對比較穩健，但最後都買不下手的原因卻常常是：怎麼這麼貴啊？半年、幾個月前，還不是這個價格耶！

但這就跟追求正妹一樣，她的美好只會有愈來愈多人知道。於是當需求大過供給，女神就會變得難追，而好的股票愈來愈貴，愈來愈難以買下手。幾乎所有的權值股、藍籌股，在任何買進的當下，你都會覺得他很貴，這就是市場的道理，天花板是拿來撞破的。

就像圖（一）與圖（二）的台積電與蘋果的股價走勢圖，當然短期會有震盪，但長期來看都是明顯的上升趨勢。所以真的都是愈

圖（一）台積電股價走勢圖（2007 年～ 2021 年）

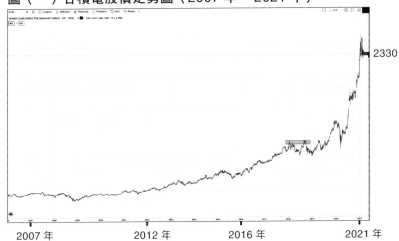

2330

2007 年　　　　2012 年　　　　2016 年　　　　2021 年

買愈貴，也才讓人陷入掙扎：要不要等價格下來一些再買？

那到底要不要買？先來看一部經典電影吧。電影「阿甘正傳」橫掃當年奧斯卡最佳影片、最佳男主角、最佳導演等大獎，原本就很值得一看，而其中有一個橋段是阿甘與友人丹中尉，投資了一間「水果」公司，結果幾年後，阿甘再也不用為錢擔心，因為這家水果公司，正是蘋果公司。

圖（二）蘋果股價走勢圖（1997 年～ 2021 年）

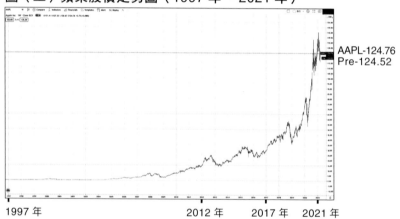

AAPL-124.76
Pre-124.52

1997 年　　　　　　　　2012 年　　　2017 年　　2021 年

我對比資料換算，阿甘買蘋果股票的時間點，應該是落在 1976 年左右。那時蘋果尚未上市，賈伯斯等人正向外界尋求資金，假設阿甘就是在那時買到，而後 1980 年蘋果股票風光上市，那一日阿甘投資的資金就已飆漲了 530 倍。

不過，這部電影與人生有趣的地方，才正要開始。阿甘正傳的上映日期是 1994 年 7 月 6 日，假設有人看了阿甘正傳，跟著買進蘋果股票的話，現在應該也不用為錢擔心了，因為換算下來，

圖（三）標普500股價走勢圖（1962年～2019年）

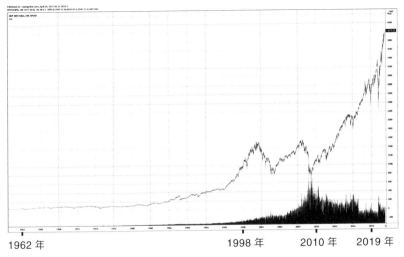

1962年　　　　　　　　　　　　　　1998年　　　　2010年　　　2019年

1994 年 7 月到現在，蘋果股價也大約漲了 140 倍。當年若是投資 10 萬元，現在就是 1400 萬元，若投資 20 萬元，現在就是 2800 萬元。

當時可能很多人有跟進買入的念頭，但又心想電影都拍出來了，早就沒有空間了，於是放棄。幾年後的今天只能跟孫子說：「如

果爺爺當時⋯⋯。」阿甘正傳也成為了名副其實的發財電影。

當然說這個故事不是要大家現在去買蘋果，十年後數錢，也不是
要忽略這個案例的特殊性和機率問題。只是想舉例說明一家企業
若是長期績優、持續創新，那其長期股價真的就是愈買愈貴。所
以貴不貴，只是看你用什麼角度切入，若你對未來的發展深具信
心，那現在的價格或許就是便宜。

真正的問題是，就像現實生活中女神正妹也可能走鐘，歲月也可
能是把殺豬刀，所以即便是蘋果公司，也有機率變成爛蘋果。因
此，就算是投資相對穩定的大型權值股，不變的真理仍是：分散
投資。

除非你自視功力高強，像是潘興廣場基金（Pershing Square）
的比爾·艾克曼（Bill Ackman），也就是那位在新冠疫情做出
號稱近年最華麗操盤，買進公司債 CDS 操作的操盤人，就主張
好股票不用多。但若你還沒有把握自己的選股功夫，分散就是防
呆的最佳策略。不要把所有資金重壓在某家企業，即便當前再優
秀都一樣。因為我們都可能會挑錯，就像婚姻這麼至關重要的人

生大事，離婚率還是居高不下。根據內政部統計，2019 年台灣有十三多萬對新人結婚，但也有五萬多對夫妻離婚，換算每一對結婚的同時，卻也約有 0.4 對夫妻離婚。如果連人生大事我們都會選錯，你我真的能保證不會看錯企業嗎？

而且挑企業絕對比結婚占便宜。結婚三心二意會有重婚罪，但挑選股票，真的需要分散風險，花心一點才是上策。

當然，也不要一次就把資金都花完，而要分批進場，以避免買後不久，就遇到股市大崩盤。就如 2000 年網路泡沫，當時那斯達克指數從近五千點慘跌到一千多點，雖然最終指數還是漲回超過五千點，但那卻花了十五年之久。所以如果資金一次到位，而全都買在高點，那很可能就是我們投資股市的終點。

最貴紅酒的無形價值

當然，不買大型績優權值股，除了價錢總是節節高升之外，也有的投資人會覺得，真的沒有這個價值。這可能是正確的判斷，但我還是必須強調，價值與價錢是由市場共同決定的，不是任何一

個專家說了算。我且分享一個紅酒的故事吧。

因我太太 Liza 是歐洲人，岳母定居於義大利，所以一年裡我會有好幾個月都在歐洲。有一回，我跟著家人造訪一位擁有紅酒酒莊的親友家，那真的是滿奢華的所在，莊園裡不但有賽馬，也有品酒會，並且邀請許多社會名流參與，讓我大開眼界。

而後來酒莊主人告訴我們一個驚人的小祕密。不曉得是否是幾杯紅酒下肚後、興之所至，酒莊主人竟笑著告訴我們他不會喝超過15 歐元的紅酒，即便他自家的頂級紅酒也都只是數百歐元起跳。原因是，連這位品酒專家也認為，其實只要是該酒莊附近所種植的葡萄與釀造的紅酒品質都差不多。當然最貴的紅酒口感一定很好，但這差距也絕不會是 15 歐元和數百歐元之遠。

而酒莊主人當然也知道，最貴的紅酒不見得是拿來喝的，否則他幹麼辦賽馬？最貴的紅酒往往代表一定的經濟實力，有點像是名牌包或超跑，是拿來代表身分地位，甚至是營造浪漫或滿足虛榮、炫富之用，而這也是最貴紅酒的無形價值。

看價值，而不是價錢

我們對同一件事物的價值、對股票的價值，每個人都會有不同的見解。最內行的酒莊主人、最內行的科技業者，他們對紅酒、對產品的價值評估，與市場對紅酒、對晶片的價值評估，很可能截然不同。有時太過了解、太懂成本，反而會專注於價錢的合理性，而忽略了事物本身所能創造的新價值。就像莊子曾說，同樣是防凍傷的藥方，有人是拿去賣給冬天在河邊幫人洗衣的人，只能賺一點微薄之利，但也有人是以重金買下該藥方，拿去獻給正跟鄰國交戰的越王，讓將士使用這款藥方，在嚴寒凜冬之際，能靠水戰奇襲，徹底打敗鄰國，這位商人當然最後也因此被分封重賞。

從正妹到女神，追求者只會愈來愈多；同理不斷成長創新的企業，其股價貴不貴已經不再是問題，真正的問題是，我們該用什麼心態、什麼策略去迎娶多家好的企業股票？

結婚、再婚，會有重婚罪，請把三心二意、朝三暮四、貪得無厭的人性特質，發揮在選擇優秀的權值股上。如此用對地方，我們的婚姻與財富，才有可能幸福而美滿。

第十六章 AI 思考術

關於人工智慧的興起，引起最多討論的，就是人類會不會終有一日反而被我們所創造的人工智慧給滅絕或奴役？就像電影「駭客任務」、「魔鬼終結者」裡的悲慘世界。

關於 AI 的發展，我對馬斯克的說法印象深刻。他說，人工智慧即便不是心懷邪念，也很有可能會摧毀人類。他也舉例說，我們人類並不討厭螞蟻，有時甚至刻意不去踩到螞蟻，願意小小改變步伐，但當人類要興建高速公路或某建築物時，即便那裡有幾座蟻丘，我們卻會毫無猶豫，甚至是根本沒有想到就毀了所有螞蟻窩。馬斯克認為，這很可能就是人類與人工智慧的關係。人工智慧也許沒有想要刻意傷害我們，但很可能為了某一目標，於是就像人類摧毀螞蟻窩一樣，人工智慧可以毫不帶感情，就跟人類說拜拜，把人類當成根本無所謂的犧牲。

雖然我對人工智慧的前景也很感興趣，但這篇文章要談的是當我們在投資時，其實可以學習 AI 是如何思考？特別 AI 的強項就是不帶情感做事，但股市的情緒總是過於激盪，樂觀時過於冒進，悲觀時過於恐懼，所以容易有情緒崩潰、追高殺低致命反應的人，不妨參考看看。

投資談錢，不談情 ————————————

我還是先強調，現實生活中，我們因各種情感而豐富，能擁有與享受情感當然很好，但過於多愁善感的人，如果要進場投資，最好就要學會控制情緒，因為現實生活中談錢也許傷感情，但在股市投資中談情卻容易傷本錢。

以 2020 年的美國總統大選為例，我個人其實比較喜歡川普，當然這和美國的主流民意或許有出入，我也不在美國生活，這樣的喜好是因為他為市場帶來了很多機會。但即便我期盼他能連任，在投資規劃上，我還是早就預備好兩套劇本，一套是川普勝選，另一套則是拜登執政。

有趣的是，美國大選前，我在臉書上轉載拜登的 Twitter 訊息時，不少網友都很錯愕。因為他們都知道我個人偏愛川普，而我怎麼會關心拜登的訊息？顯而易見，我們很容易因為喜歡某人，而完全忽略了他可能失敗的機率。然而，就像電腦計算，或者職業賭徒算牌賭 21 點，都很清楚一切結果都有可能，所以必須先平心靜氣設想各種可能，才不會臨時手足無措。

因此大選前，我早已先規劃好，如果拜登選上，接下來我的操盤策略為何？而一些不理性的網友，卻只是大力唱衰如果拜登選上、民主黨執政，股市一定完蛋，因為民主黨肯定會讓企業加稅加到死。

事實上，這和我們討厭一個人一樣，很容易以偏概全，以人廢言。我自己就曾以「民主黨執政，美股會不好」這個論點，去回測美國股市在共和黨或民主黨執政時，表現就比較不好嗎？而統計數字明顯告訴我，這是錯誤的結論，我們如果因為某一政黨執政美國，就拒絕投資，那就只是浪費時間的複利，因為美國股市大體而言，都是成長的。

當然每個人都會有政黨好惡，但如果讓這些好惡，孳生出假訊息，綁架我們的大腦，我們的判斷也就容易失準。而政黨偏好只是其中一種情感，務必學著收起情感看投資世界，才能過濾雜訊，看見真正的訊號。

另一種我覺得在股市上最可怕的情緒，名叫焦慮炸裂。焦慮炸裂就是股票崩盤時，股民情緒上承受不住，開始怨天尤人，就連看

妻小爸媽都不順眼，即便曾經膜拜的投資大師，都成了出氣包，如 2020 年最火紅的 Ark Invest 創辦人凱薩琳‧伍德，她推出的 ETF 屢屢創下超高收益，讓一堆股民瘋搶，甚至尊稱、暱稱她為乾媽，但每次只要遇到修正，還是會讓一堆人嚇得賣掉，然後大罵凱薩琳‧伍德根本是垃圾、騙子。

但明明凱薩琳‧伍德就曾公開說明，即便她短期操盤犀利，但她追求的仍是三到五年後的價值收益。股民拿一夕數字來論定成敗，這實在是秀才遇到兵，太過情緒氾濫了。

以 AI 思考崩盤時的大數據

如果我們改用 AI 的方式思考，收起情感、不讓焦慮綁架我們，如電腦用大數據判斷情勢，藉由不斷累積的參數修正、提升自己，那我們的智慧會看見什麼？我們真會發現，大盤有漲有跌，這本就是股市正常現象。我們會為了今日的太陽下山而發怒，甚至恐懼焦慮到處罵人嗎？

圖四是標普 500 與 VIX Index，俗稱恐慌指數的圖表。VIX 指

圖（四）標普 500 與 VIX Index 恐慌指數表

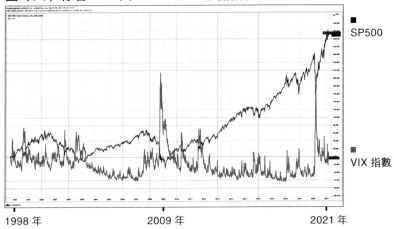

SP500

VIX 指數

1998 年　　　　　　　　2009 年　　　　　　　　2021 年

數是根據波動率計算，計算方法頗複雜。簡單來說，就是如果投
資人對於未來產生較大的不確定性，如行情劇烈震盪或大幅下跌
時，往往會推高選擇權的價格，而選擇權的價格隱含了對於市場
波動的估計。如果直接說結論就是：每當恐慌指數彈跳居高時，
就是不錯的進場買點，因為即便短期被套牢，但長期回頭來看，
都是加碼良機。因此，當散戶情緒炸裂時，對資深投資人來說，
卻是準備賺錢的好時機。

今年 2021 年，巴菲特在每年給股東的信中，他一樣重申「不要與美國對賭」，而這早已是他的超長期策略。如果願意相信巴菲特，也願意擁抱過往的大數據，而不被恐慌的情緒擊潰，那我們的智慧真的會看見長期持有才是關鍵，恐慌賣出是最不需要的情緒。

其實 AI 人工智慧應該更早就得出股市沒有新鮮事這個結論。股市總有黑天鵝、人性總會恐慌賣出、股價總會崩盤下殺，但人類真的適應力滿強的，不久後就會適應，也會找到新方法擺平危機，然後股市也會變得更強，但人類之後又會變得過度樂觀，不久後再來一隻黑天鵝……。如此周而復始，直到真正的地球末日（如真的被機器人統治或是隕石大滅絕之類）。

每一次的崩盤，都應該重新檢視自己的投資策略，看看自己先前是否被樂觀沖昏頭，然後進行修正，這才是贏家的智慧。投資上，請不要害怕犯錯，因為我們都是從錯誤中學習，就連人工智慧也是。人工智慧正是不斷輸入參數，不斷從辨別錯誤中，精進自己的判讀能力。

但也許是我們的考試機制不容許犯錯，否則就要扣分，於是很多股民也追求完人精神。好像自己犯一點過錯，在股市裡賠錢，就會對不起整個家族，所以當報酬損益是負值時，也會不斷苛責自己。

但其實真的不必如此，那就是學習的過程。把苛責、焦慮的情緒，轉而去研究自己的交易策略哪裡出錯？哪裡可以更精進？可以如何更鎮定？這才是風險給我們的最好報酬。

尋找高勝率，找英雄，更找時勢

最後來分享一下，如果是數字思維，我們會如何挑股，是該挑英雄，還是挑選時勢？

更具體地說，是要挑中一家正要竄紅，並可以贏在未來的企業比較難？還是判斷某一產業前景是否大有可為比較難？若以汽車產業為例，就是看見電動車趨勢崛起比較難？還是要精準判斷到底是特斯拉、蘋果，或是要積極跟上電動車趨勢的傳統車廠會勝出比較難？

大趨勢肯定是相對容易看見的。就像我們知道網路社群已經成為主流，但我們看不見的是，臉書之後還有 Twitter，甚至還有 Clubhouse 等等。亂世之中，總是群雄輩出。

所以這也就是 ETF 的好處，同一個產業、同一個族群的企業，都有 ETF 可以幫我們一網打盡。當然如果想做主動選股，或不認同 ETF 的股票配置、不想被 ETF 收管理費，我也很建議除了買自己看好的企業外，該企業的競爭對手也可以多少配置一些，就像是幫自己配置一個 ETF。

因為投資追求的是整體報酬，不是好大喜功，卻對意外毫無防範。再看好的企業，都有可能發生意想不到的天災人禍，一旦某家企業遭逢意外，受益的往往是同業的競爭者，其客源或訂單將整個蜂擁而至，股價自然也會水漲船高。這也是為何我建議在一個我們看好的產業中，大約配置三家企業股票的原因。

至於配多配少、如何分配，也看每個人對風險的承受度不同而有所不同。如果本金過少，總共只有五萬、十萬元本錢，那也不必太過分散投資，而是等到本金日益變大之後，再開始去做配置。

人性面對投資時總容易想著自己就快要發大財，而忽視風險。但人工智慧追求的是，如何與風險做朋友，共存共榮，然後再擁抱長期獲利，用聰明智慧來做事，不是把自己搞得事倍功半，變成「工人」智慧，辛苦勞碌一生。

計算股市，但人生無價

雖然人工智慧、數字思考，真的滿適用於股市投資，但我還是要提一下壞處。根據我與一些超強的投資人相處，甚至是我自己觀察自己，我發覺我們這類人，平常善於在股市中冷靜計算，但在現實生活中卻容易冷血無感。

例如，我們會更無法忍受時間被沒有產值的浪費。就像排隊時，我們會很焦慮，特別是那種前面的人慢吞吞地跟店員開聊，又詢問口味的詳細差別，或是老是慢慢掏錢、找錢包的民眾。我也不喜歡跟我太太一起逛大賣場，因為我希望買了就走，速戰速決，但我太太總喜歡閒逛，慢條斯理發覺新產品。外送的服務是老天給我的恩惠，我完全可以辦到數月不出門。新冠疫情改變了很多人的生活方式，出現了所謂的 WFH（work from home，

在家工作），但新冠疫情對我根本沒有影響，因為我原本就是這樣生活。

於是有些樂趣，像我這樣的怪人可能也享受不到。為了面對股市的驚濤駭浪，為了不被擊倒，我們這類人漸漸對人間一些美好的事物變得無感。雖然生活條件持續提升，但很容易許久都沒有欣快感或是期待心。

這個課題不好解決，畢竟我們的大腦只有一顆，很難說切換就切換。但我也很快就必須面對，或是找到當中的平衡點，畢竟今年我也即將為人父，而我也知道陪伴成長是無可取代且不可逆的價值。我自己也還在學習，包含多遛狗、多散步，多和咖啡店的店員互動，並很小心不要讓自己像癡漢。

像人工智慧般思考，在市場中不帶情感、冷靜判斷，真的可以幫助我們提高投資勝率，但如何善用這項人工智慧，也是我與諸多投資人的下一場人生智慧考驗。

第十七章 我的上陣之路

你還記得，十八、九歲考到駕照後，一個人騎車上路的心情嗎？是不是滿享受兜風的自在感覺，甚至人車一體，想像自己是電影「天若有情」的華弟或「極速傳說」的 Sky 哥哥？但現實馬路上，卻常因紅燈右轉、騎上人行道這些狀況，被警察開紅單，甚至是在不經意間發生生命危險的摔車？

但我的股市初上陣，卻比上述情況都慘些。股市無須考駕照，成年後有錢就能進場，所以回頭看最初我進股市的狀態，其實就是在一片混沌中摸黑前進，若用電玩術語形容，就是在戰爭迷霧中廝殺，根本搞不清自己的位置，可能進了敵軍口袋都不知道。

在迷霧中廝殺，那受傷的機率當然也就其高無比。大概有些股民就是在這個新手必經的混沌階段，讓資金受了重傷，或者雖然虧損不大，但卻被嚇到十年怕草繩，於是屢屢告誡親友與後代子孫，不要再玩股票。

但這就有點像人生騎車收到第一張罰單或第一次摔車，就宣布一輩子不騎車。而在股市的混沌期受傷，就選擇不再投資，也未必是適合所有人的策略。當然每個人可以有自己的選擇與判斷，但

在這混沌期,我的建議始終不變:不管準備多好、多有自信,都請輕輕試試水溫,千萬不要把大筆資金一次性入場,而要慢慢分批投入。

新手別開大車或飆速度

身為新手,可能犯的錯誤可說是千奇百怪,這適用於每個領域,當然也適用於投資。如 2020 年新冠疫情來襲時,因大量視訊會議需求而爆紅的 Zoom 軟體,成為投資人爭相購買的股票,但後來除了 Zoom Video Communications 大漲之外,另一家名字非常相近的 Zoom Technologies,其股票也無故大漲,逼得美國證券交易委員會(SEC)出來喊話,要投資人勿因不熟悉而買錯,特別是另一家無故大漲的企業,其實已經數年沒有揭露企業訊息,美國證券交易委員會最後甚至暫停 Zoom Technologies 的股票交易,試圖保護投資人。

這類故事屢見不鮮,如去年台股實施盤中零股交易後,也不時傳出驚悚笑話。新聞報導,有一位月薪三萬多的新手投資人想買 300 股台積電零股,卻錯選成「張」,也就是一次買了好幾千股,

交割金額根本付不出來，只好打電話跟營業員求救。

身為新手，要通過這段摸黑時光，最好的策略就是在出發前多蹲、多看、多學習。然後拜託第一次上路，不要貿然開大車或飆速度，因有太多菜鳥死角，是當我們連狠狠撞上了，都根本不知道發生什麼事。如果這樣就畢業，那也太不值得了。留些犯錯空間給自己。我們都是會犯錯的凡人，但不要讓自己陷入一旦出錯，就永無翻身之地的窘境。

再用功都只是基本

我也想分享一下我初期花了多少時間研究。其實我不是很喜歡分享這塊，因為我認為就像我們去看醫生，難道醫生會特別告訴我們，他是花了多少努力才考上醫學院、做了多少筆記才畢業，花了多少心力才從實習醫師、住院醫師一路苦熬上來嗎？或是去公家機構辦公，公務人員會告訴我們，他是花了多久時間才考上公職嗎？我真的覺得努力只是最基本的，大概就跟吃喝拉撒一樣，沒有什麼好特別提出來。只是我也發現，幾乎所有菜雞，在受傷前都覺得投資不難、選股簡單啦。如果不是選擇市值型ETF、

做被動投資的人，也許可以參考一下，我應該不是最努力的人，但我最初研究時，是不分日夜，常常研究資料到感覺自己快要往生，一躺平就眼前一片黑那種超支力竭，後來的乾眼症更成了我的獎狀。

那時我每天用在研究的時間，大概就是扣掉吃喝拉撒跟打電動的時間。而即便此刻我的投資績效已不錯，但每天大概還是花上五、六個小時，找尋未來的標的、判斷未來的趨勢。多努力真的沒有什麼好提的，因為比我們更聰明的人都還在努力。寫這一段，只是想分享，努力只是最基本的。

但另一種努力是我比較想提的，那就是不斷修正。資深的投資人大概都知道，其實不是你我最初的個性、價值觀，或者我們統稱的「性格」，就讓我們在股市中輕鬆獲利，因為如本書第一部所說，人類的直覺某部分很不適用於金融市場。因此，當我們願意不斷修正自己的整體性格，像是變得更有耐性等等，便更有機會能在股市中獲利。

也就是說，每當我們被市場教訓、在市場中犯錯了，其實都是好

事。而前提當然是，我們能看得出犯錯的價值、失敗的可貴，並努力不斷去修正自己，被市場教訓這回事，才能是一件好事。因此投資上，太早就一帆風順，未必是好事。因為很容易會有大頭症，不考慮風險，而且如果等投入的部位與資金占比都很高了，才重重摔一跤，如果又是自己太過大意所導致，那這一摔很容易一蹶不振，改寫人生。持續基本的努力，且願意不斷修正自己，兩者合而為一，才是貨真價實、投資人的最低門檻。

財經亂象多，莫把雜訊當訊號

最後分享，我在初上陣的投資路上，看見超多路標指引，但也發現，絕非條條指標通羅馬。事實上，滿多路標會直接帶我們下黃泉，因為太多牛鬼蛇神，是在我們通往財富之路時，先打劫我們的財富。

什麼叫牛鬼蛇神？曾有聽眾問我這樣一個問題：「小女在 IG 追蹤一位大學生，自稱二十出頭、大學還沒畢業，卻已經靠投資賺進一桶又一桶金，台股大盤、期權皆有操作，時不時表示當日獲益超過受薪階級的月薪，他還開班授課，而且價格不菲，就連加

入他的朋友討論群組，都需要支付學費。但有朋友入群後發現，此人往往事前亂槍打鳥，報一堆牌，或是討論度高的股票，提供模稜兩可的意見，事後再發表自己分析預測如何準確，失準的則選擇性失憶。想請問癌大對於收費報明牌的看法？」

我那時告訴他，這些有亂七八糟神仙封號，強調自己能預測短線，且事前預測、事後驗證的人，都是牛鬼蛇神。但後來我發現，這些牛鬼蛇神都不笨，因為他們總是能騙到人。所以，被騙的那些人本身就有問題，只要能戒掉人性中的貪嗔癡，不要看到人家帥或漂亮就撲上去，不要聽到有賺錢的機會就 all in，也不要隨便放下心防，踩穩腳步、穩紮穩打，就不會在市場中溺水。

接受多元意見，持續修正自己

我創立了台灣最大的 Telegram 頻道和兩個討論群，會經營到什麼時候我不清楚。不過，我非常慶幸這樣的一個發想，最後替自己帶來非常多的回饋。在這裡多的是本金比我大、經驗比我充足的前輩願意分享自己的經驗和觀點，而在這些人眼裡，我應該也像是菜雞吧。我相信這個世界上，還是樂觀努力、良善進取的

人居多，這也是我相信股市會持續成長的原因，當大多數人都貢獻自己的能力，即便不時有黑天鵝飛來，人類終究會一起往前，把黑天鵝煮一煮、烤一烤，吃飽繼續上路。

避免在混沌期中受重傷是關鍵，但如果小小跌傷、驚嚇，這只是正常的投資開局。持續修正自己，避開雜訊，穩定前行，不管是在投資或任何領域，當我們再回首開局時，都會感謝自己的點滴努力與長期堅持。

投資路上，絕非條條指標通羅馬。
如果小小跌傷、驚嚇只是正常的投資開局，
持續修正自己，避開雜訊，穩定前行。

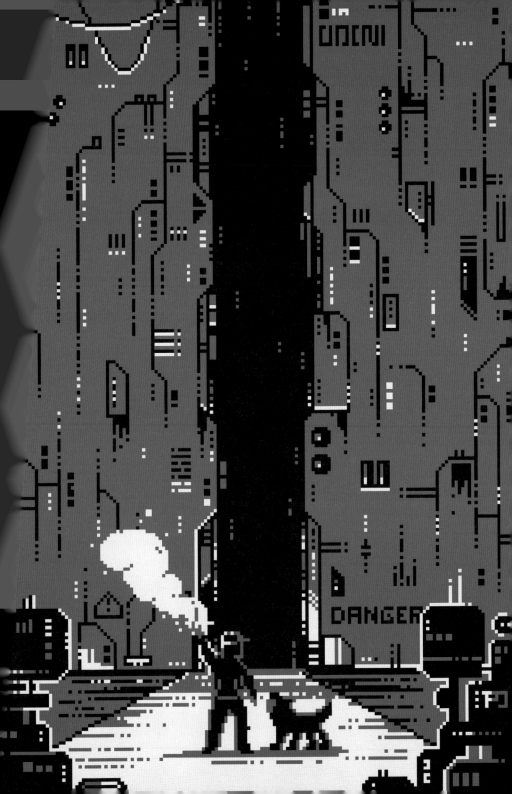

第十八章 炒股前，先炒你的人生

有一、兩回在「股癌」Podcast 上，我收到來自高中生的提問，有幾位學生都問我，高中生應該開始買股票、學投資嗎？

雖然你我都知道，時間是投資的超級好朋友，但我還是建議他們：「啊你們高中生就好好去讀書，青春無悔的玩吧！還有時間的話，就去嘗試各種不同可能，高中、大學畢業以後，也可以先去阿拉斯加當打魚仔，或是到澳洲摘水果、韓國做泡菜，如果有點想法，甚至也可以創業試試看，都很好。」

炒股有的是機會，但青春年華只有一次，你若有興趣於此，就摸一摸，但不要浪費了有趣、好玩的學生生活。炒股是後來的事，年輕就應該炒自己的人生，仔細地研究、廣泛地試單、大膽地加碼。高中、大學你沒有多少可以失去，衝就衝對了，下檔風險有限，上檔獲利無限。這點不只在投資，在工作上、在人生中也是如此，隨著年紀增加，你能扛的風險只會愈來愈小，能夠大鳴大放的機會，很遺憾地，也只會愈來愈少。

不用背負房貸、不用賺孩子的學費和奶粉錢、不用照顧年邁雙親時，一人飽全家飽的年輕灑脫時光，是人生衝刺的良機。

人生如擲骰子，很難一次就豹子

但就像買股票或挑企業，飆股很難挑中，所以分散投資是關鍵，而人生也是。我們通常很難第一次嘗試什麼就大中，大獲全勝，所以關鍵就像擲骰子，只有願意繼續玩下去的人，才可能擲出豹子、通殺。

像我自己，其實是走了好幾年霉運。參加面試加入 TED x Taipei，結果上班第二天，高層就莫名其妙要我不用去了；大學時去夜店當 DJ 打工，播沒多久店就倒了；第一份正職考上威航機師後，母公司摔了兩台飛機，連帶子公司也一起收攤。

我人生的衰小事不少。國中時，我媽是學校的輔導主任，每次出事，事跡敗露，同學都以為我是抓耙仔，於是幫我取了一個「腦殘」的綽號。學校訓導室的老師們也特別愛「關照」我，班上出事時，把我抓去撐在地上用藤條抽，要我抖出是誰幹的，也因為見識太少，我國中時一直真心覺得是自己有問題，數次想輕生。

但後來上了高中，一切都好轉了。到了大學，明明常蹺課待在租屋裡，卻還是被選上系學會會長，辦了一堆有趣的活動，讓大家

玩得很開心。但我明明就是同一個人，為什麼國中時被老師和同學憎恨，到高中、大學時卻如魚得水？所以，有時真的不是我們有問題，而是環境跟我們不合。因此，我們更應該去擲下一輪骰子，試試自己在新天地的手氣。

就像後來我也花了幾十萬搭棚，自己拍 YouTube 節目，自娛娛人，但流量並沒有一夕竄紅，大概上傳了五部片，一千個訂閱，我就覺得又累、又沒成就感，很快就收掉了。但後來因病錄的 Podcast，竟一頭霧水地紅了。

我不知道自己能在 Podcast 上紅多久，也不知道下一個人生的變數是什麼，但可以確定的是，我會繼續擲人生的骰子。

人生炒股第二時機點

人人都說青春好，那難道炒作人生的機會，如果不小心錯過年輕歲月，就一輩子不行了嗎？

這當然不會有標準答案，四十歲、五十歲創業成功的人，也是一

大票，比方說在美國火紅的 SaaS（Software as a Service，軟體即服務）企業，大家可能直覺會認為這麼新潮、高估值的東西應該都是年輕人在玩，但實際上創辦人普遍都是當過業界的高管，深知企業的需求才出來創業。我認為所謂的養老或退休觀，日後應該都會有所不同，而投資就是一門可以做到老的事業。

當繳了二、三十年房貸，孩子大學畢業離巢了，我們其實又重新回到類似可以灑脫的那段青春歲月。那時可能也是一個不錯的時機，可以來個燦爛中年。到時再不炒作，人生也快休市打烊了，想到這邊，你我可能都更願意去賭一把骰子。

所以，我也認為如果二十、三十年後，我還很認真地在炒股的話，會不會也是某一種失敗？因為人生可以做的事情如此多，但我卻一直困在股票投資裡，汲汲營營。我其實想去嘗試各種飛行器，去玩音樂，或是持續去做一些很瘋狂的事情。

不斷炒作人生，我們也才有機會，活得比過去更好，炒出新高點。所以，想幹麼就去幹吧！但炒人生也跟炒股票一樣，必須細細研究、輕輕試單、看對加碼、期待好事發生。

切記，零到一之間，有無限個數字。黑與白之間，也有無限的色階。

國家圖書館出版品預行編目（CIP）資料

灰階思考／謝孟恭著 . -- 第一版 . -- 臺北市：
遠見天下文化出版股份有限公司 , 2021.04
　　面；　公分 . --（財經企管；BCB727）
ISBN 978-986-525-102-4（平裝）

1. 投資理論　2. 投資技術　3. 投資分析

563.52　　　　　　　　　　110003867

財經企管 BCB727

灰階思考

作者 —— 謝孟恭
採訪撰文 —— 陳建豪
總編輯 —— 吳佩穎
責任編輯 —— 黃安妮
封面暨內頁設計 —— 木木 Lin
內頁插畫 —— Pixel Jeff
出版者 —— 遠見天下文化出版股份有限公司
創辦人 —— 高希均、王力行
遠見・天下文化 事業群榮譽董事長 —— 高希均
遠見・天下文化 事業群董事長 —— 王力行
天下文化社長 —— 王力行
天下文化總經理 —— 鄧瑋羚
國際事務開發部兼版權中心總監 —— 潘欣
法律顧問 —— 理律法律事務所陳長文律師
著作權顧問 —— 魏啟翔律師
社址 —— 台北市 104 松江路 93 巷 1 號 2 樓

讀者服務專線 —— （02）2662-0012
傳　真 —— （02）2662-0007；2662-0009
電子信箱 —— cwpc@cwgv.com.tw
直接郵撥帳號 —— 1326703-6 號　遠見天下文化出版股份有限公司
電腦排版／製版廠 —— 中原造像股份有限公司
印刷廠 —— 中原造像股份有限公司
裝訂廠 —— 中原造像股份有限公司
登記證 —— 局版台業字第 2517 號
總經銷 —— 大和書報圖書股份有限公司　電話／ (02)8990-2588
出版日期 —— 2021 年 4 月 19 日第一版第 1 次印行
　　　　　　2024 年 7 月 11 日第一版第 28 次印行

定價 —— NT 400 元
ISBN —— 978-986-525-102-4
書號 —— BCB727

天下文化官網 —— bookzone.cwgv.com.tw